KB168674

동물원에 동물이 없다면

02 지식+진로

동물원에 동물이 없다면

노정래 지음

동물 복지부터 생물 다양성까지 공존을 꿈꾸는 동물원

다른

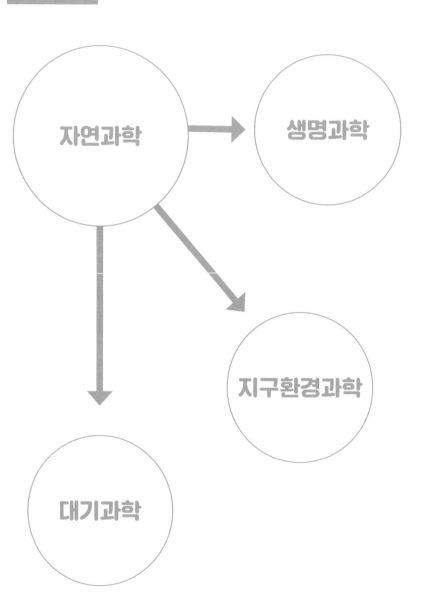

| 동물원에서 만나는 지속 가능한 지구 이야기

어릴 때 동물원에 가면 그냥 좋았다. 희귀한 동물을 본다는 그 자체만으로 전날 밤부터 설렜다. 동물원에 가면 늘씬한 기린, 듬직한 코뿔소와 코끼리, 무시무시한 호랑이, 재롱부리는 원숭이가 항상 반겨 줬다. 하지만 그때는 동물원이 왜 생겨났는지, 동물원에서 무엇을 배워야 하는지, 동물원의 역할이 무엇인지 몰랐다.

　돌이켜 보니 당시에는 신기한 동물을 사람들에게 선보이는 게 동물원의 목표였다. 많은 동물을 전시하려는 동물원의 욕심 때문에 좁은 곳에 살아야 했던 동물들의 모습이 기억난다. 그때는 동물 복지 개념이 부족했다. 그게 통하던 시대였다.

　동물원은 최고의 소풍 장소로 손꼽힌다. 학생들이 동물원 안에서만 돌아다니니 교사가 인솔하기 쉽고, 유흥업소가 없어서 탈선할 걱정도 없다. 교사가 학생을 한 명 한 명 눈여겨보지 않아도 크게 문제되지 않는다는 이야기다. 학생들도 동물원 안에서는 아무 간섭 없이 놀 수 있으므로 그 자체로 해방이다. 자연에 푹 빠져 하루 놀기 딱 좋다. 다만 동물원이 어떤 기능을 하는지 아무도 알려 주지 않는 경우가 많다. 교사들도 그렇게 학창 시절을 보냈기 때문에 잘 모르는 것이다.

동물원의 역할은 시대마다 변해 왔다. 오늘날의 역할은 멸종위기 종 보전이다. 그렇다고 동물을 무한히 끌어안고 기르는 것은 아니다. 멸종 위기에 놓인 종의 개체 수를 늘리고 생물 다양성을 보전하는 것이 궁극적인 목표다. 이를 위해 동물원에서는 동물의 습성을 끊임없이 연구하며 동물원 환경을 개선하고, 사라져 가는 종을 복원해 방사하고, 서식지를 보호하고, 관람객에게 생태 교육을 하고 있다. 오늘날의 동물원이 지향하는 대로 멸종위기를 완전히 극복하면 동물원에는 종 보전에 앞장선 사람들의 끈질긴 노력과 성과가 동물 대신 전시될 것이다. '동물 없는 동물원'인 셈이다.

동물을 단지 구경거리로 여기던 시대에 동물원의 직원은 동물을 기르고 치료하는 정도의 일을 했다. 하지만 현대에 들어 동물원의 기능이 바뀌면서 동물원 직원이 하는 일도 달라졌다. 오늘날 동물원은 다양한 지식을 쌓은 전문가들이 운영한다. 오케스트라의 연주자들이 조화를 이뤄 멋진 음악을 들려주는 것처럼 동물원 직원들도 완벽한 하모니를 만들기 위해 함께 노력하고 있다.

이 책에는 동물원의 탄생 배경과 발전 과정, 동물원 직원이 하는 일이 다채롭게 담겨 있다. 어떤 공부를 하면 동물원에서 일할 수 있는지도 알 수 있다. 이를 통해 독자들은 오늘날 동물원의 기능을 입체적으로 살펴볼 수 있을 것이다. 어쩌면 동물원 폐지론을 주장하는 사람도 이 책을 읽고 난 뒤에는 동물원 지지자가 될지 모른다. 그만큼 동물원의 가치를 깊이 있게 분석해 구시대적 사고의 틀을 깨고자 노력했다. 동물원 이야기 외에 그동안 밝혀지지 않은 동물 관련 지식도 재미있게 풀어 놓았다.

이 책을 읽은 독자에게 자연과 동물을 보호하려는 마음이 싹
트기를 바란다. 그렇게 싹튼 마음들이 홀씨가 되어 널리 퍼져 나
가기를 간절히 빈다.

차례

1장 세상에서 동물원이 사라진다면

· ·

2장 동물원 동물은 왜 잠만 잘까?

3장 동물과 함께하는 사람들

4장 동물원도 진화한다

1장

세상에서
동물원이
사라진다면

만약 동물원이 없었다면
서식지에서 사라진 종은 멸종했을 것이다.
멸종 위기에 처한 종에게는 동물원이 마지막 희망이다.

왕궁에서 시작된 동물원의 역사

인간은 동물과 함께 살아왔다. 인간과 동물은 떼려야 뗄 수 없는 사이다. 인간이 수렵 생활을 하던 시대에 동물은 식량으로서 중요한 자원이었다. 그러나 매번 사냥에 성공할 수는 없었기에 인간은 동물을 가둬 기르는 꾀를 냈다. 야생에서 뛰놀던 동물을 잡아 와 뒤뜰에 기르면서 순하게 길들인 것이다. 이렇게 길들여진 동물이 가축이다. 사냥을 못 해 허탕 친 날 인간은 집에서 기르던 닭이나 돼지를 잡아먹었다. 농경 시대에는 소나 말을 농사에 이용했기에 수렵 생활 때보다 동물과 더 밀접한 관계를 맺었다.

많은 사람이 모여 살면서 마을이 생기고, 부족이 생기고, 국가가 만들어졌다. 자연스럽게 부족이나 국가를 통치하는 지배층이 나타났고, 계급이 생겼다. 지배층은 피지배층과 자신들을 구별짓기 위해 왕관을 쓰고 화려한 옷을 입었다. 부와 권력을 상징하는 장식품도 집 안에 들였다. 그중 하나가 동물이었다.

동물을 전시해 권력을 과시하다

왕들은 희귀하거나 멋있게 생긴 동물을 좋아했다. 다른 부족이나 국가를 침략해 정복한 뒤 빼앗아 온 동물을 왕궁 뒤뜰에 길렀다. 마치 동물 수집가처럼 말이다. 중세에는 유럽 전역의 왕궁에 동물 전시장이 유행처럼 만들어졌다. 전시된 동물은 식민지인 아시아와 아프리카에서 잡아 온 것이었다.

왕이 수집한 호랑이, 사자, 표범, 늑대, 대왕판다, 코뿔소, 기린, 코끼리, 야크 등은 권력, 부, 제국의 야망과 군사력을 보여 주는 상징으로 통했다. 왕궁에 코끼리 같은 귀한 동물이 없으면 왕의 권위를 의심받을 정도였다. 이게 동물원의 시초다. 동물원은 권력을 과시하고 싶어 하는 인간의 욕망에서 싹텄다.

중세 잉글랜드에서 가장 유명한 동물 전시장은 1204년 런던탑에 만들어진 전시장이었다. 당시에는 개인이나 국가 간의 친분을 다지기 위해 희귀한 동물을 주고받았는데, 1235년 헨리 3세는 로마 황제 프레데릭 2세에게 표범을 결혼 선물로 받았고, 1251년 노르웨이에서 북극곰을, 1254년 프랑스에서 코끼리를 선물 받아 런던탑의 전시장에 길렀다. 이 전시장은 개원 이후 무려 6세기 동안 왕실에 의해 운영되다 1835년 문을 닫았다.

1493~1494년 이탈리아의 탐험가 크리스토퍼 콜럼버스는 에스파냐의 여왕 이사벨 1세와 왕 페르난도 2세 부부에게 앵무새 60마리와 매커우대형 앵무새의 한 종류를 선물해 신세계의 동물을 유럽에서 기르는 선례를 남겼다. 15~16세기에는 들소, 라마, 칠면조 등 온갖 동물이 사방팔방 여러 나라에서 유럽으로 물밀 듯 들어왔다. 1515년 이슬람교의 최고 권위자였던 말라카의 술탄은 인도 총독에게 우정의 표시로 코뿔소를 보냈고, 총독 역시 답례로 다른 귀한 동물을 보냈다.

　군주들도 이에 뒤질세라 기회만 있으면 코끼리, 코뿔소 등 멋있고 희귀한 동물을 수집했다. 그리고 그렇게 모은 동물을 15세기 말부터 도시 외곽 거주지에서 전시했다. 유행은 17세기까지 이어졌다. 귀족들은 이를 통해 자신이 왕에 버금가는 권력을 가졌음을 보여 주고 싶었을 것이다. 전시장을 운영하려면 동물을 구입하고 유지하는 데 비용이 만만치 않게 들었으므로 재산을 과시하기 좋았다. 이러한 동물 전시장은 교육, 과학 연구와 거리가 멀었다.

　일반인에게 동물 수집은 동경의 대상일 뿐, 꿈도 꾸지 못할 일이었다. 왕과 군주만 누리는 취미이자 즐거움이었다. 그러나 시간이 지나면서 궁궐과 군주의 뒤뜰에만 있던 동물이 시민의 삶으로 파고들기 시작했다. 동물 상인이 등장해 코끼리, 하마, 코뿔소, 기린 등을 이 마을에서 저 마을로 옮기며 동물 박람회를 열었다. 그러면서 '이동식 동물 전시'라는 것이 생겼다.

이동식 동물 전시는 1700년대 영국에서 처음 시작되었다. 희귀한 동물을 보고 싶어 하는 일반인의 갈망을 채워 주기 위해 생겨난 사업이었다. 유럽 곳곳에서 관심을 끌었고, 북아메리카에서는 대중적으로 발전했다. 미국에서는 서커스와 함께 이뤄졌는데, 1840년대까지 이어지다 남북전쟁으로 중단되었다.

초창기의 동물 전시는 작은 우리에 동물을 가둬 보여 주는 정도였다. 얼마나 귀한 동물이냐가 중요할 뿐이었으므로 우리가 좁아도 아무도 개의치 않았다. 고대, 중세는 물론 상류층에게 희귀 동물이 소비되던 근대까지 사람들은 동물을 상품으로만 취급했고, 국가 간 거래도 활발히 이뤄졌다.

모두를 위한 동물원

근대의 동물원은 18세기 후반부터 등장했다. 왕이 통치하는 왕정 체제에서 국민의 대표가 다스리는 공화정 체제로 바뀌면서 동물 역시 개인의 전리품에서 공공 소장품으로 바뀐 것이다. 그러면서 동물을 그저 눈요깃거리로 소비하던 동물 전시장이 교육성과 공공성을 띤 곳으로 서서히 진화했다. 산업화, 인구 증가, 도시 집중화로 중산층이라는 계급이 생기면서 동물 전시장은 '동물원', '동물 공원'이라는 이름으로 자리매김했다.

초기에는 부와 권력을 상징하는 이미지가 여전히 강했다. 동물원이 개방되자 시민들은 문명사회를 맛보려고 너도나도 동물원에 놀러갔다. 왕과 군주가 누렸던 호사스런 사치를 즐기고 싶었을 것이다. 그러다가 동물원은 번잡하고 시끄러운 도시를 벗어나 휴식을 위한 공간으로 변해 갔고, 시민들이 자유롭게 이용하는 공공장소로 자리 잡았다. 가족끼리 놀러 갈 마땅한 곳이 없던 점도 한몫했지만, 동물원은 최고의 나들이 장소가 되었다. 우리나라도 예외는 아니었다. 봄이면 동물원이 있던 창경원昌慶宮에 발 디딜 틈 없이 사람이 몰려들었다.

세계에서 가장 오래된 동물원은 1752년 오스트리아 비엔나에 세워진 쇤브룬동물원으로, 지금까지 운영되고 있다. 처음에는 왕실 전용으로 이용되다 1765년 시민에게 개방되었다. 두 번째로 오래된 동물원은 1794년 프랑스의 파리식물원에 만들어졌다. 세 번째로 오래된 동물원은 영국의 런던동물원으로, 1828년 과학 연구를 목적으로 만들어졌다가 1847년 일반에 공개되었다. 런던에서는 1853년 세계 최초로 시민을 위한 수족관인 시라이프런던수족관이 문을 열기도 했다. 세계적으로 오래된 동물원은 첫 번째부터 아홉 번째까지 모두 유럽에 만들어졌다. 아홉 번째로 오래된 동물원은 프랑스 남부에 있는 마르세유동물원으로, 1855년 만들어졌다.

이후 20세기 초반까지 세계 곳곳에서 유행처럼 동물원이 생겼다. 1856년 남아프리카의 포트엘리자베스동물원이, 1864년 미국

19세기 쇤브룬동물원. 원숭이 우리 앞에 사람들이 모여 있다.

동물원에 동물이 없다면

의 센트럴파크동물원이 문을 열었다. 아시아에도 여러 동물원이 세워졌다. 1857년 인도의 티루바난타푸람동물원, 1864년 인도네시아의 라구난동물원, 1865년 베트남의 호치민동물원, 1882년 일본의 우에노동물원, 1906년 중국의 베이징동물원이 생겼다. 이어서 1909년 우리나라의 창경원 동물원, 1914년 타이완의 타이페이동물원, 1928년 싱가포르의 싱가포르동물원이 문을 열었다.

동물 전시에서 생태계 보전으로

18세기 영국에서 시작된 산업혁명 이후 인구가 가파르게 증가하면서 동물은 삶의 터전을 마구잡이로 빼앗겼다. 멸종 위기에 이른 종이 한둘이 아니다. 이러한 현상은 영국에서 시작되어 전 세계로 퍼져 나갔다. 사태가 심각해지자 국제사회는 자연이 더 이상 망가지는 것을 막기 위해 부랴부랴 법적 규제를 두기 시작했다. 1961년 스위스에서 세계적인 비영리 환경보호기관인 세계자연기금WWF, World Wide Fund for Nature이 만들어졌다. 전 세계의 천연자원을 보호하는 국제기구인 국제자연보전연맹IUCN, International Union for Conservation of Nature도 설립되었다. 국제자연보전연맹은 1963년 <멸종 위기에 처한 동식물 보고서>인 적색목록red list을 발표했다. 이후 2~5년마다 재평가해 발표하고 있다. 1975년에는 워싱턴 협약이라고도 불리는 '멸종 위기에 처한 야생 동식물의 국제거래에 관한 협약CITES, Convention on International Trade in Endangered

Species of Wild Fauna and Flora'이 발효되었다. 야생 동식물의 포획, 채취, 상거래를 규제함으로써 멸종 위기 종을 보호하는 협약이다. 우리나라는 1993년 가입했다.

오늘날에는 1,000여 개의 동물원과 수족관이 운영되고 있다. 유럽 37개국에 300여 개, 미국에 225개, 일본에 165개, 우리나라에 21개가 있다. 동물원과 수족관이 많아지면서 운영에 필요한 정보를 교류하기 위해 동물원수족관협회가 만들어졌다. 세계동물원수족관협회WAZA, World Association of Zoos and Aquariums, 유럽동물원수족관협회EAZA, 미국동물원수족관협회AZA, 일본동물원수족관협회JAZA, 동남아시아동물원수족관협회SEAZA, 한국동물원수족관협회KAZA 등이다. 각 협회는 매년 총회를 개최해 동물원과 수족관 운영 현황과 업적을 발표하고 발전 방향을 논의한다.

1970년대에는 생태계 보전의 중요성이 대중적인 화두로 떠올랐다. 그러면서 동물원 운영도 관람과 전시보다 멸종 위기 종을 보전하는 데 중심을 두었다. 미국에서 가장 큰 동물원으로 알려진 브롱크스동물원이 앞장섰다. 동물 쇼를 그만둔 곳도 있다. 미국의 디트로이트동물원은 1963년 코끼리 쇼를, 1983년 침팬지 쇼를 폐지했다. 이러한 변화는 세계동물원수족관협회를 비롯한 지역별 협회를 통해 세계로 퍼져 나갔고, 점점 변화를 일으켰다. 동물원들이 멸종 위기 종 번식과 종 보전 교육을 시작한 것이다. 다른 나라에 서식하는 종의 보전 문제까지 관심을 두기도 했다. 예를 들어 1980년부터 유럽의 동물원들은 야생에서 사라진 몽골야생말을 복원하는 데 많은 자원을 쏟아 부었다. 서식지를 보전하는 데도 지원을 아끼지 않았다. 동물원 운영의 이러한 방향성은 오늘날까지 이어지고 있다.

우리 밖의 넓은 공간에서 생활하는 동물의 모습을 보고 싶어 하는 사람이 늘면서 동물원을 숲처럼 꾸미는 경우도 생겼다. 바로 사파리다. 울타리 대신 절벽으로 동물의 탈출을 막아 자연스러운 공간을 연출했다. 최초의 사파리 공원은 1931년 영국 런던동물학회에서 만든 휩스네이드동물원이다. 이후 1974년 미국 최대 규모의 자연공원인 노스캐롤라이나동물원, 1983년 사바나 서식지를 재현한 것으로 유명한 오스트레일리아의 워리비오픈레인지동물원 등이 문을 열었다. 아시아에도 등장했다. 일본의 후지사파리파크, 인도네시아의 타만사파리 등이다. 사파리에서는 버스를 타거나 자기 차를 직접 운전해 돌아다니며 관람한다.

우리나라 최초의 동물원은 1909년 11월 1일 창경원에 개원했다. 유럽에서처럼 우리나라의 첫 번째 동물원 역시 왕궁에 만들어진 것이다. 1973년에는 서울어린이대공원이, 1996년에는 인천대공원이 문을 열었다. 창경원 동물원은 1984년 5월 1일 경기도 과천으로 옮겨 서울대공원으로 이름을 바꿨다.

우리나라 동물원은 지방자치단체에서 운영하는 동물원과 공기업이 운영하는 동물원, 그리고 개인이 운영하는 동물원으로 나뉜다. 지방자치단체에서 운영하는 경우 서울대공원, 전주동물원, 청주동물원처럼 이름에 지역이 붙는다. 지역 이름이 붙지만 공기업이 운영하는 곳도 있다. 대전오월드는 대전도시개발공사가, 울산대공원은 울산시설공단이 운영한다. 개인이 운영하는 동물원으로는 에버랜드가 대표적이다.

우리나라의 동물원도 초기에는 유럽처럼 동물 전시장의 개념을 벗어나지 못했다. 국내 최대 규모의 동물원인 서울대공원도 초기에는 돌고래 쇼, 물개 쇼, 홍학 쇼를 했다. 그러다 2012년 돌고래 쇼와 물개 쇼를 폐지했고, 2013년 홍학 쇼도 폐지했다. 홍학 쇼가 폐지된 뒤 홍학들은 야생에서처럼 자연스럽게 행동하는 모습을 보여 줬다.

2013년 서울대공원은 돌고래 쇼에 이용하던 남방큰돌고래 '제돌이'를 제주도 바다에 방류하기도 했다. 제주도에서 불법 포획된 뒤 민간 수족관에서 쇼에 이용되다 동물 교환을 통해 서울대

	19세기	20세기	21세기
형태	동물 전시장 (menagerie)	동물 공원 (zoological park)	종 보전 센터 (conservation center)
목적	사육, 증식	종 관리	총체적 보전
전시 방식	우리(cage) : 동물을 우리에 가둔 채로 보여 주는 방식	디오라마(diorama) : 배경 위에 모형을 설치해 장면을 연출하는 방식	몰입 전시 (immersion exhibit) : 마치 자연에 있는 것처럼 느끼도록 연출하는 방식

공원으로 온 돌고래였다. 서울대공원은 불법 포획 사실을 뒤늦게 알고 바다에 놓아 줬다. 이 사건은 우리나라의 동물원들이 운영 방식을 전시 위주에서 보전 위주로 전환하는 신호탄 역할을 했다. 사람들의 의식도 달라졌다. 동물 복지, 동물 보호, 야생동물 보전의 개념이 싹텄다.

우리나라의 멸종 위기 종 증식과 방사 역시 서울대공원에서 첫발을 뗐다. 2004년 서울대공원은 멸종 위기에 처한 남생이를 번식시켜 지방 동물원과 문화재청에 분양했다. 2005년 북한 평양중앙동물원에서 데려온 반달가슴곰을 번식시켜 국립공원관리공단 종복원기술원에 보내기도 했다. 반달가슴곰은 지리산국립공원에 방사되었고, 새끼를 낳았다. 지금 지리산에는 종 유지에 필요한 최소 개체 수 이상의 반달가슴곰이 산다. 수컷을 방사해 근친 번식을 막고 서식지를 관리하면 반달가슴곰은 멸종 위기에서 벗어날 것으로 보인다.

이처럼 다양한 노력을 하고 있음에도 동물원의 업무는 아직까지 전시 개념을 완전히 벗어나지 못하고 있다. 아직 과도기인 셈이다. 물론 전시에서 보전으로 방향을 튼 건 분명하다. 전 세계 대부분의 동물원은 생물 다양성을 지키기 위해 노력하고 있다. 생태 교육도 하고, 멸종 위기 종을 번식시켜 개체 수를 늘리기도 하고, 서식지도 보호한다.

동물보호단체들은 동물원이 인간의 여가 생활을 위해 동물을 희생시킨다며 비판한다. 반면 동물원 옹호론자들은 동물원이 자연보호에 앞장서고 있다고 주장한다. 논란은 있지만, 동물원이 생태계 파괴를 막고 있다는 사실은 부인할 수 없다. 시대가 바뀌면서 점점 더 동물원은 생물 다양성 유지에 기여할 것이다. 동물원을 어떻게 운영하느냐에 따라 영향력이 달라질 뿐이다.

생물 다양성이 대체 뭐기에

약 390만 년 전 오스트랄로피테쿠스가 지구에 등장한 이래 인류는 최근 2300여 년을 제외하고 늘 자연에서만 식량을 얻었다. 다른 동물들처럼 자연에서 식물을 채취하고 수렵 생활을 했다. 인구가 지금과 비교할 수 없을 만큼 적었고 동식물과 조화를 이뤘기에 생태계에 미치는 영향도 적었다. 그러다 농경 생활을 하면서 사는 방식이 혁명처럼 바뀌었다. 농기구를 쓰면서 수확량이 눈에 띄게 증가했고, 인구가 늘었다. 그러면서 동식물의 서식지가 도시와 논과 밭으로 변했다.

멸종 위기 종이 급격하게 늘고 자연이 망가진 것은 인간에게 자연 보전 개념이 없었기 때문이다. 아마도 야생 동식물이 워낙 많아 자연을 보호할 생각조차 못 했을 것이다. 인간은 식량을 얻기 위해 들소 같은 야생동물도 무차별하게 죽였고, 옷 만들 가죽을 마련하기 위해 족제비, 여우, 비버 등도 사정없이 죽였다. 심지어 재미로 야생동물을 죽이기도 했다. 로마인은 콜로세움 완공을 기념하며 100일 동안 9,000여 마리의 야생동물을 죽였다. 인간의 사냥 놀이는 야생동물의 개체 수를 급격히 감소시켰다. 바다표범, 고래 등의 해양동물도 마찬가지였다. 많은 동물이 자연에서 자취를 감췄고, 그제야 인간은 보호 정책을 펼쳤다. 그게 19세기다. 미국은 1916년, 우리나라는 1967년 국립공원을 지정해 자연을 체계적으로 보호하기 시작했다.

국제연합UN, United Nations은 생물의 다양성 보전을 위해 함께 노력하자는 뜻에서 1992년 5월 22일 생물 다양성 협약을 발표했다. 그 뒤 지금까지 이날을 '세계 생물 다양성의 날'로 지정해 기념하고 있다. 우리나라는 1994년 10월 이 협약에 가입했다.

생물 다양성은 세 가지로 나뉜다. 첫째는 종 다양성, 둘째는 생태계 다양성, 셋째는 유전적 다양성이다. 종 다양성이란 분류학적으로 다른 종이 얼마나 많은가를 가리킨다. 생태계 다양성이란 숲, 사막, 초원, 담수 등과 같은 생태계가 얼마나 다양한가를 뜻한다. 생태계가 다양해야 종 다양성이 증가한다. 예를 들어 생태계가 저수지밖에 없다면 오리나 원앙처럼 헤엄을 잘 치는 물새류는 살 수 있지만 양서류, 소형 설치류처럼 습지에서 먹이를 잡아먹는 동물과 헤엄을 못 치는 조류는 살지 못한다.

유전적 다양성이란 같은 종이라도 유전적으로 조금씩 다른 개체가 얼마나 다양한가를 가리킨다. 유전적 다양성이 확보되어야 자연환경이 갑자기 바뀌어도 몰살하지 않고 적응한 일부가 살아남아 멸종하지 않는다.

깽깽이풀과 개미와 노루의 관계

지구에는 매일 60~100킬로그램씩 먹어 치우는 코끼리처럼 커다란 동물도 살고, 빵 한 조각으로 며칠을 사는 개미처럼 작은 곤충도 살고, 이름조차 없는 식물과 미생물도 산다. 어떤 종도 혼자 살 수는 없다. 먹이사슬에서는 서로 먹고 먹히는 관계지만, 종끼리 서로 돕고 살기도 한다. 생물은 종내 경쟁이 심하지만 종간 경쟁은 심하지 않은 편이다. 얼핏 서로 다른 종이 경쟁하거나 기생하는 것처럼 보여도 서로 돕는 공생 관계일 수 있다. 어떤 한 종이 멸종하면 공생 관계에 있는 다른 종도 멸종할 것은 불 보듯 뻔하다. 생물 다양성이 중요한 이유다.

납자루와 조개의 공생을 예로 들어 보자. 납자루는 조개껍질 안에 알을 낳아 대를 잇고, 조개는 새끼를 납자루 몸에 붙여 양분을 섭취하며 먼 곳까지 이동하게 한다. 우리나라 어류 중에서 조개류에 알을 낳는 어류는 납자루아과와 잉어아과로, 총 11종이 있다. 이들 암컷은 산란기가 되면 산란관을 길게 빼 조개의 입수공물을 빨아들이는 관이나 출수공물을 내뱉는 관으로 밀어 넣은 뒤 알을 낳는다. 그러면 산란 직후 수컷이 입구에 정자를 뿌려 수정시킨다. 조개껍질 안에서 수정된 알은 한 달 정도 지나면 천적의 습격을 피할 수 있을 정도로 자란다. 납자루는 산란기가 되어도 주위에 조개가 없으면 알을 낳지 않는다니, 이들의 오랜 공생 관계를 짐작할 수 있다. 만약 조개가 멸종한다면 납자루의 생존도 보장할 수 없다.

주위에서 흔히 볼 수 있는 곤충과 식물도 마찬가지다. 나비, 벌 같은 곤충은 식물의 꽃가루를 옮긴다. 나비나 벌이 꽃가루를 옮기지 않으면 식물은 씨앗을 맺지 못한다. 식물은 꽃에서 꿀을 뿜어 벌과 나비를 먹여 살린다.

식물은 개미와도 협력한다. 예를 들어 개미는 벚나무를 오르락내리락하면서 나뭇잎이나 가지에 붙은 해충의 알을 먹어 치운다. 벚나무는 나뭇잎 끝으로 꿀을 뿜어 허기진 개미의 배를 채워 준다. 개미가 해충의 알을 먹어 치우지 않는다면 알에서 깨어난 애벌레는 벚나무 나뭇잎을 갉아 먹을 것이고, 벚나무는 성장을 못하거나 심하면 죽을 것이다.

초식동물과 곤충과 식물도 서로 돕는다. 깽깽이풀의 씨앗은 독특하게 개미가 옮긴다. 옮긴다기보다는 옮겨진다. 개미가 씨앗 끝에 달린 꿀단지를 물고 이동한 뒤 꿀만 먹고 씨앗은 버리기 때문이다. 깽깽이풀 입장에선 힘 들이지 않고 씨앗을 먼 곳으로 보내니 이득이다. 애기똥풀 씨앗도 깽깽이풀과 같은 방식으로 퍼져 나간다. 우리나라에 분포하는 개미 중에서는 짱구개미가 이런 역할을 한다.

숲이 풀로 꽉 차면 개미는 곤란해진다. 개미 입장에서는 풀숲이 정글과 같기 때문이다. 이럴 때 산양이나 노루 같은 초식동물이 풀을 싹싹 뜯어 먹어 주면 개미가 이동하기 수월해진다. 씨앗을 물고 다니기도 쉬워진다.

초식동물이 풀을 뜯어 먹지 않으면, 개미가 씨앗을 옮겨 주지 않으면 깽깽이풀 씨앗들은 풀 바로 앞에 떨어져 싹틀 것이다. 그리고 다닥다닥 붙어 자라며 서로 햇빛을 받으려고 경쟁하다 대부분 죽을 것이다. 또 초식동물에게 한입에 다 뜯어 먹히면 그 유전자는 대가 끊긴다. 널리 퍼지지 못하고 모여 있으면 근처에 있는 개체와 짝을 이룰 테니 유전적 다양성도 낮아진다.

부전나비도 개미가 있어야 살 수 있다. '나비를 살리는데 웬 개미?'라고 생각할 수도 있지만, 부전나비 애벌레는 개미가 굴로 데려가 다 클 때까지 애지중지 돌본다. 애벌레는 먹이 잡는 수고를 덜어서 좋고, 개미는 애벌레의 항문에서 나오는 단물을 독점해서 좋다. 둘 다 손 안 대고 코 푸는 격이다. 담흑부전나비는 일본왕개미와, 쌍꼬리부전나비는 마쓰무라꼬리치레개미와 단짝이다. 그리고 부전나비 역시 초식동물이 풀을 뜯어 먹어 개미가 다닐 길을 닦아 놔야 살 수 있다. 결국 다양한 종이 살아야 생태계도 다양해진다.

새들도 다른 종을 돕고 산다. 새들은 식물의 열매를 즐겨 먹는다. 그리고 배설을 통해 씨앗을 멀리 퍼트린다. 감이나 딸기처럼 빨갛게 익는 열매의 씨앗은 텃새가 옮기고, 포도나 머루처럼 검게 익는 넝쿨식물 열매의 씨앗은 멀리 이동하는 새가 옮긴다. 파랗게 맺는 넝쿨식물의 열매는 익으면 자외선이 많이 나와 높은 곳에서도 눈에 잘 띈다. 멀리 다니는 새들은 하늘 높이 날기 때문에 익은 열매를 쉽게 알아본다. 누가 새들에게 역할 분담을 시킨 것이 아니다. 지금까지 생존하며 진화한 결과다.

식물은 씨앗을 옮기는 조류가 있어야 종내 경쟁을 피할 수 있다. 동백꽃은 동박새가 꽃가루를 옮겨 줘야 하고, 도토리와 밤은 다람쥐, 멧돼지, 반달가슴곰, 너구리가 열매를 옮겨 줘야 멀리 퍼져 나갈 수 있다. 단풍나무 열매처럼 바람의 도움을 받는 식물도 있지만 동물의 도움을 받는 경우가 더 많다. 동박새가 멸종하면 동백꽃도 멸종할 가능성이 높다. 종 다양성이 필요한 이유다.

반달가슴곰은 도토리, 다래, 돌배, 알밤 등 온갖 열매를 먹고 산다. 소화율이 높지 않아 씨앗은 약 30퍼센트만 소화되고 나머지는 배설된다. 위액의 화학적, 물리적 작용 때문에 딱딱한 껍질이 흐물흐물해진 상태로 말이다. 반달가슴곰의 뱃속을 통과한 씨앗은 그렇지 않은 것보다 2배 이상 싹이 잘 튼다. 먹히지 않은 씨앗은 발아율이 낮을 뿐만 아니라 싹튼다 해도 함께 열린 씨앗에서 나온 새싹과의 경쟁을 피할 수 없다.

덩치가 큰 동물은 힘이 좋아 도움 없이도 살 수 있을 것처럼 보이지만 실제로는 혼자 못 산다. 마찬가지로 다른 종의 도움을 받고, 다른 종을 돕기도 한다. 예를 들어 오랑우탄은 식물의 잎과 열매를 먹고 배설함으로써 자연스럽게 씨앗을 이동시킨다. 오랑우탄의 배설물을 먹고 사는 곤충의 생존을 돕고, 곤충은 또 다른 식물의 번식과 생존에 도움을 준다. 오랑우탄은 나무를 타고 돌아다니면서 나뭇가지를 부러뜨리기도 하는데, 부러진 나뭇가지 사이로 드는 햇빛은 키 작은 식물을 자라게 한다. 이처럼 오랑우탄도 다른 종을 돕고 산다. 오랑우탄을 보호하면 오랑우탄과 공생하는 다른 종까지 보호하는 셈이다.

종 보전을 위한 동물원의 노력

생물 다양성은 인간의 생존에도 중요하다. 식량은 물론 옷, 집, 생활용품 등 살아가는 데 필요한 거의 모든 것을 자연에서 얻기 때문이다. 의약품도 자연에서 얻는다. 현대 의약품은 식물에서 뽑아낸 물질이 활용된 경우가 많다. 수천 종에 이르는 항생제도 미생물에게서 나온다. 식물은 산소를 내뿜고 이산화탄소를 흡수함으로써 지구 온난화를 막는 역할도 한다. 인간에게 어떤 이익을 줄지 아직 밝혀지지 않은 생물도 많을 것이다.

생물 다양성이 감소하면 인간에게 어떤 영향을 미칠까? 자연 파괴의 예를 하나 들어 보자. 늘 고온 다습한 열대우림은 다양한 나무가 많이 자라고 먹이가 풍부하다. 열대우림은 지구 표면적의 7퍼센트 정도밖에 안 되지만 지구에 서식하는 생물 종의 약 절반이 이곳에 산다. 생물 다양성 측면에서 매우 중요한 생태계다. 그런데 안타깝게도 열대우림은 산불로 점점 사라지고 있다. 산불의 대부분은 거대한 팜유 회사에서 농장을 만들기 위해 내거나 원주민이 밭을 만들려고 내는 것이다. 끊이지 않는 산불은 열대우림을 없애 생태계를 파괴할 뿐만 아니라 이산화탄소를 발생시켜 온난화를 부채질한다. 저지대에 사는 오랑우탄이 삶의 터전을 빼앗겨 고지대로 옮겨 갔다가 먹이 경쟁에 밀려 죽는 일도 생기고 있다. 생태계 교란이 일어난 것이다. 온난화의 영향으로 기후변화가 생겨 폭우나 폭설, 가뭄이 발생하기도 한다. 인간의 환경 파괴가 부메랑이 되어 돌아오고 있다.

국제자연보전연맹이 발표한 자료에 따르면 멸종 위기에 처한 종은 2002년 이후 급격히 증가했다. 2016년 국제자연보전연맹은 지구상에 알려진 190만여 종 가운데 8만 5,604종을 적색목록으로 발표했다. 그중 멸종 위기 종이 2만 4,307종이다. 적색목록 가운데 1,587종은 우리나라에도 분포하는 종이며 그중 119종_{위급 12종, 위기 43종, 취약 64종}은 세계적인 멸종 위기 종으로 분류되고 있다. 아직 국제자연보전연맹에 등재되지 않은 고유종_{특정 지역에만 사는 생물} 391종까지 포함한다면 우리나라에 서식하는 멸종 위기 종은 더 많다. 가볍게 여길 수치가 아니다. 생물 다양성 보전을 위해

지구에 서식하는 생물 종의 약 절반이 열대우림에 산다. 안타깝게도 열대우림은 산불로 점점 사라지고 있다.

노력해야 한다.

생물 다양성 보전은 마치 인간이 다른 종을 돕는 일처럼 보인다. 하지만 우리가 사라질 위기에 처한 종의 생존을 도우면 그 종이 다시 우리의 생존을 도울 것이다. 생물 다양성 보전은 결국 우리 자신을 구하는 일이다.

동물원은 나쁜 걸까?

야생동물은 가축과 달리 자연에서 스스로 살 수 있다. 종마다 사는 방식은 다르다. 초식동물인 산양은 몇 마리씩 무리 지어서 산다. 혼자 사는 것보다 여럿이 뭉쳐 사는 게 유리하기 때문이다. 누가 습격하지는 않는지 망을 봐 위험한 상황이 닥치기 전에 서로 알려 주고, 여차하면 함께 달려들어 반격한다. 하지만 고라니는 힘도 약하고 겁쟁이인데도 혼자 산다. 새끼를 기르는 어미 외에는 혼자다. 고라니는 풀숲이나 작은 나무 뒤에 숨기를 좋아한다. 어미는 새끼를 풀숲에 숨겨 놓고 멀찌감치 떨어져 망보다가 누군가 새끼가 있는 쪽으로 접근하면 소리를 꽥꽥 질러 못 가게 유인한다. 천적의 공격을 막아 낼 힘이 없는 고라니가 새끼를 안전하게 기르는 방법이다. 그런데 이런 고라니를 사방이 트인 곳에 기르는 동물원도 있다. 고라니가 좋아할까?

　호랑이, 사자, 치타, 표범, 삵 같은 육식동물은 덩치가 작건 크건 두려울 게 없어 느긋하다. 초식동물처럼 주위를 경계하거나 눈치를 보지 않는다. 물론 사냥할 때는 신경을 곤두세운다. 매서운 눈으로 여러 사냥감 중에서 만만한 표적을 골라 막다른 길로 몰아붙인다. 어떻게 공격할지 작전도 짜고, 동료들과 협동도 한다. 이처럼 사냥을 하려면 육식동물에게도 은신처가 필요하다. 호랑이는 몸에 난 털의 무늬가 길쭉길쭉해서 기다란 풀이 있는 곳에 몸을 숨긴다. 어디 호랑이뿐이랴. 사자도, 삵도 마찬가지다. 표범은 높은 곳의 나뭇가지에 걸터앉아 휴식을 취하며 주위에 사냥감이 없는지 곁눈질로 살핀다. 그런데 이런 육식동물을 관람객에게 훤히 노출된 곳에 살게 하면 어떻게 될까?

동물원 동물은 행복할까?

동물은 매일 분주하게 움직인다. 마실 물이 바닥나고 먹을 것이 턱없이 부족해지면 먹이를 찾아 떠난다. 수컷은 발정이 난 암컷을 찾아 헤매기도 한다. 자기 영역 안에 다른 수컷이 얼씬거리지는 않는지도 살핀다.

　동물이 자주 다니는 영역을 활동 반경이라고 한다. 호랑이의 경우 수컷의 활동 반경은 약 267~294제곱킬로미터, 암컷은 70~84제곱킬로미터다. 미국 위스콘신주 북서부에 서식하는 스라소니 수컷은 60.4제곱킬로미터, 암컷은 28.5제곱킬로미터다. 남아프리카공화국 퐁골라 지역에 서식하는 아프리카코끼리의 여름 활동 영역은 수컷이 36.6~40제곱킬로미터, 암컷 무리는 17.5~20.6제곱킬로미터다. 겨울 활동 영역은 수컷이 61.2~71.5제곱킬로미터, 암컷 무리가 36.7제곱킬로미터다. 우리나라 고라니의 경우 수컷은 3.30제곱킬로미터, 암컷은 2.25제곱킬로미터다. 활동 영역은 계절에 따라, 마실 물과 먹이의 양에 따라 조금씩 달라진다. 동물원의 동물은 이렇게 넓은 곳을 자유롭게 다닐 수 있을까?

제비, 물총새, 백로 등 따뜻한 곳을 좋아하는 여름 철새가 있는가 하면, 독수리와 두루미처럼 가을에 덜 추운 곳으로 이동해 월동을 하는 겨울 철새도 있다. 여름 철새는 봄에 따뜻한 곳으로 가서 번식한 뒤 겨울이 되기 전에 다시 따뜻한 곳으로 떠난다. 겨울 철새는 여름에 몽골이나 러시아에서 번식을 하고 겨울이 되기 전에 덜 추운 곳으로 이동한다. 그렇다면 동물원의 철새들은 어떨까? 여름 철새는 겨울을 잘 보낼 수 있을까? 겨울 철새는 더운 여름을 견딜 수 있을까?

다람쥐, 토끼, 늑대, 여우, 오소리 등은 굴속에 새끼를 낳아 기른다. 굴은 추운 겨울을 견디게 하고 천적의 공격을 막아 주는 은신처이자 집이다. 물론 사람처럼 매일 굴에서 자고 깨면 밖으로 나가는 것은 아니다. 자주 이용한다는 뜻이다. 이들은 비상용 굴도 만들어 놓는다. 누군가 들이닥치면 도망갈 대비책을 마련하는 것이다. 아무 데나 굴을 파지는 않는다. 축축하지 않은 땅이어야 하고, 앞이 훤히 트여 누가 오는지 망볼 수 있고 들락날락하기 좋아야 한다. 굴을 파려면 흙이 많이 필요하다. 동물원은 굴에 사는 동물에게 흙을 충분히 제공할 수 있을까?

덩치가 작은 곤충과 양서류는 온도, 습도 같은 환경 변화에 민감하다. 번데기로 겨울을 나는 곤충은 일찌감치 알을 낳아 겨울이 오기 전에 번데기가 되도록 한다. 개구리는 초가을쯤 땅속으로 파고들어 겨울잠을 준비한다. 덩치가 큰 포유류는 하루 이틀 물을 마시지 못해도 견딜 수 있지만 곤충과 양서류는 견디지 못한다. 이처럼 환경 변화에 민감한 곤충과 양서류는 동물원의 간힌 공간에서 잘 살 수 있을까?

야생동물은 사람이 돌보지 않아도 잘 산다. 그럼에도 동물원은 야생동물을 데려다 기른다. 동물원은 야생동물에게 제대로 된 환경을 만들어 줄 수 있을까? 서식지에 자유롭게 두면 될 텐데, 왜 굳이 동물원에 가둬 놓고 기르는 걸까?

생태적인 면에서 동물원은 허점투성이다. 이러한 논리를 펼치며 동물원 폐지를 주장하는 사람들도 있다. 그런데도 여전히 1,000여 개의 동물원과 수족관이 운영되고 있다. 세계에서 가장 오래된 동물원인 쉬브룬동물원도 1752년 문을 연 이래 지금까지 운영되고 있다. 만약 긍정적인 면보다 부정적인 면이 많았다면 이미 사라졌을 것이다. 세계 곳곳에서 정부와 지방자치단체의 지원을 받으며 동물원이 운영되고 있는 걸 보면 동물원의 존재 이유가 분명히 있는 것이다.

야생동물보다 오래 사는 동물원 동물

야생동물에게 동물원 생활은 모든 면에서 불편하다. 일단 야생에 비하면 턱없이 좁은 곳에 산다. 누가 봐도 알 수 있고 변명의 여지가 없는 사실이다. 야생에서 포획된 동물은 폐쇄 공포증으로 정신 질환까지 앓을 수 있다. 그러나 서식지에서 동물을 잡아 오지 않은 지 오래다. 이제는 동물원에서 태어난 새끼를 기르기 때문에 야생을 경험하지 못한 개체가 대부분이다.

물론 동물원들은 동물에게 최대한 서식지와 비슷한 환경을 만들어 주기 위해 노력한다. 은신처, 나무 그늘, 언제든 마실 수 있는 물, 추위나 더위를 피할 수 있는 시설을 마련한다. 산양처럼 바위 타기를 좋아하는 동물이 사는 곳에는 바위를 넣어 주고, 물놀이를 즐기는 코끼리나 하마가 사는 곳에는 수영장을 만들어 준다. 환경 변화에 민감한 곤충은 최대한 야생과 비슷한 조건에서 살게 한다. 이를 '동물 행동 풍부화 프로그램animal behavioral enrichment program'이라고 한다.

야생에서 동물은 다치거나 병에 걸리면 저절로 완치될 때까지 기다린다. 방법이 없다. 하지만 동물원 동물은 정기적으로 건강검진을 받고 치료는 물론 증상에 따라 수술도 받는다. 또 동물원 동물은 굶주리지 않는다. 동물 영양사가 식단을 챙긴다. 결과적으로 야생동물보다 동물원 동물이 더 오래 산다. 동물원에서 잘 돌본다는 증거다. 한정된 공간에서 사는 것은 안타깝지만 수명만 보면 그렇다는 말이다. 서식지에서 평균적으로 코끼리는 약 60~65세, 호랑이는 15세, 하마는 40세, 기린은 25세까지 살고, 동물원 코끼리는 약 70~75세, 호랑이는 26세, 하마는 50세, 기린은 36세까지 사는 것으로 알려져 있다.

비좁은 공간만큼 동물원 동물을 괴롭게 하는 것이 있다. 관람객의 시선이다. 동물 입장에서 사람은 자기를 해코지할지도 모르는 천적이고, 경계 대상이다. 야생에서는 사람을 마주칠 일이 없지만 동물원에서는 피하고 싶어도 피할 수 없어 괴롭다. 숨을 곳이 없다면 더 괴롭다. 동물원에서는 동물들의 이러한 불편함을 덜어 주기 위해 은신처를 만들거나 관람객으로부터 먼 곳에서 놀 수 있게 한다. 그러면 은신처가 없거나 관람객과의 거리가 가까웠을 때보다 경계를 덜하고 밥도 잘 먹는다. 동물 입장에서 마음에 쏙 들지는 않겠지만 동물원 직원들은 불편함을 줄이기 위해 늘 노력한다.

야생에서 동물은 자기가 마음에 드는 짝을 선택해 번식한다. 구애하는 수컷이 마음에 안 들면 퇴짜를 놓고 등 돌리면 끝이다. 암컷에게는 후손을 가장 많이 남길 수컷이 일등 신랑감이다. 대체로 힘이 좋은, 즉 서열이 높은 수컷이 선택된다. 서열이 낮거나 어려서 힘이 약한 수컷은 나중에 커서 힘이 세지면 짝을 만날 수 있다.

수컷 1마리가 암컷들을 독차지하면 근친교배가 일어나 유전적 다양성이 떨어질 텐데 자연에서는 그런 일이 생기지 않는다. 야생에서 새끼는 번식기가 되기 전에 반드시 가족을 떠난다. 남매가 함께 살지 않고 각자 다른 곳으로 떠나기 때문에 가까운 가족끼리 짝을 이루는 경우는 없다. 그렇게 유전적 다양성이 유지된다. 동물원에서는 유전자 분석으로 유전적 다양성 정도를 파악하고 족보를 만들어 관리한다. 근친인지 아닌지 확인하고 번식시킨다. 자연과 똑같지는 않지만 종 보전을 위해 노력하고 있다.

동물원이 모두 사라진다면

동물원은 이윤을 남기는 장사가 아니다. 동물들의 먹이 값과 잡다한 관리 비용, 직원 월급 등 많은 돈이 들고, 대부분 적자가 난다. 이익이 남는 동물원은 세계적으로 손에 꼽을 정도다. 디즈니랜드와 같은 테마파크 외에는 적자라고 보면 된다. 그럼에도 수많은 나라에서 동물원을 운영하고 있다. 꼭 필요하기 때문에 투자를 하는 것이다.

동물원은 관람객을 대상으로 강좌를 열어 생태 교육을 한다. 기린의 키, 코끼리의 몸무게, 호랑이가 새끼를 몇 마리 낳고 하마는 왜 꼬리가 짧은지 등의 생태 정보만 알려 주는 게 아니다. 각 동물의 서식지가 어디인지, 서식지에서 어떻게 사는지, 왜 멸종 위기에 처했는지, 멸종 위기에서 벗어나게 하려면 우리가 어떻게 해야 하는지 질문하고 답을 나눈다. 자연과 동물을 보호하는 마음을 키우는 것이 교육의 궁극적인 목적이다. 나아가 보호하는 방법을 알려 줌으로써 실천할 수 있게 돕는다. 자연의 소중함을 느끼고 보전의 중요성에 공감하는 사람을 늘리려는 것이다. 동물원은 신기한 동물을 보여 주는 곳이 아니다. 그토록 멋진 동물들을 보존하기 위해 무엇을 해야 할지 알려 주는 곳이다.

동물원의 생태 교육은 주로 어린아이와 초등학생을 대상으로 한다. 나중에 사회를 이끌 사람들이기 때문이다. 우리나라에서는 1년에 수천 명씩 동물원에서 교육을 받는데, 교육받은 사람이 각자의 자리로 돌아가 자연보호를 실천하면 가랑비에 옷 젖듯 조금씩 변화가 일어날 것이다. 결국 운영 적자 이상의 이득이 생기는 것이다. 동물원은 자연보호를 위한 하나의 거시적인 투자다.

동물원이 없다면 서식지로 가야 야생동물을 볼 수 있다. 아프리카코끼리, 고릴라, 기린을 보러 아프리카까지 가야 한다. 오랑우탄은 인도네시아나 말레이시아에 가야 볼 수 있다. 물론 운이 좋아야 볼까 말까다. 서식지에 가야 동물을 볼 수 있다면 평생 못 보는 사람이 더 많을 것이다. 어떤 동물들이 존재하는지 모르면 보호하고 싶은 마음이 생길 가능성도 낮다. 수많은 사람이 찾아

동물원이 없다면 서식지로 가야 야생동물을 볼 수 있다. 서식지에 가야 동물을 볼 수 있다면 평생 못 보는 사람이 더 많을 것이다.

갈 테니 서식지는 더 망가질지도 모른다. 서식지를 찾아가는 데 드는 개인적, 사회적 비용이 그만큼 많이 드는 것이다.

인구가 증가해 더 많은 집과 식량이 필요해지면서 수많은 동물의 서식지가 택지와 농토로 바뀌었다. 인간의 영역이 늘어난 만큼 동물의 영역은 줄어든 셈이다. 농작물의 생산성을 높여야 했기에 살충제와 제초제를 뿌려 수확량을 늘렸고, 결국 토양곤충, 양서류, 파충류, 육상곤충의 수가 급격하게 줄었다. 이는 자연스럽게 먹이사슬의 상위 포식자에게 영향을 미쳐 소형 설치류, 조류, 포유류까지 감소시켰고, 몇몇 종은 멸종 위기로 내몰렸다. 심지어 서식지에서 사라진 종도 생겼다. 우리나라에도 늑대, 여우, 스라소니, 왕소똥구리 등 한둘이 아니다.

동물원에는 멸종 위기에 처한 종이 수두룩하다. 서식지에서 이미 사라진 종도 있다. 이 경우 동물원에서 번식시켜 서식지에 방사하면 멸종을 막을 수 있다. 우리나라에서는 여우를 동물원에서 번식시켜 소백산국립공원에 방사했다. 반달가슴곰 새끼도 지리산국립공원에 방사했다. 멸종 위기 종 복원과 유전적 다양성에 기여하고 있는 것이다. 몽골야생말, 들소 등 멸종 위기 종을 복원한 다른 나라의 사례는 더 많다. 그리고 앞으로 더 많은 사례가 나올 것이다. 만약 동물원이 없었다면 서식지에서 사라진 종은 멸종했을 것이다. 멸종 위기에 처한 종에게는 동물원이 마지막 희망이다.

동물원 동물에게 꼭 필요한 것

동물이 사는 집을 동물사라고 한다. 동물사는 내실과 방사장으로 나뉜다. 육식동물이건 초식동물이건 밤에는 내실에서 쉰다. 새끼를 낳을 때도, 치료를 받을 때도 내실에 머문다. 방사장은 우리가 동물원에 놀러 갔을 때 보는 곳으로, 동물이 낮에 놀고 밥 먹고 낮잠을 자는 곳이다.

동물원 동물은 아침마다 내실에서 방사장으로 이동한다. 이동하는 게 습관이 되어 정해진 시간만 되면 문 앞에 서서 기다리는 동물도 있다. 동물원 여건에 따라 내실이 방사장과 떨어진 곳도 있다. 그럴 경우 동물들은 동물 전용 통로를 따라 이동한다. 기린, 코뿔소, 코끼리, 하마 등은 밤마다 다시 내실로 이동하지만 얼룩말과 산양류처럼 매일 이동하지는 않는 동물도 있다. 이 동물들의 방사장에는 비를 피할 수 있는 오두막 같은 집을 반드시 설치해 준다.

동물원에 있는 모든 동물은 야생에서 살던 종이다. 동물원에서 태어났다 해도 야생의 기질이 남아 있기에 동물사는 서식지와 비슷한 환경으로 만들어야 한다. 먹이, 사는 곳 모두 서식지와 비슷해야 동물이 건강하게 살 수 있다. 일단 더위나 추위를 피할 곳을 반드시 제공해야 한다. 예를 들어 캥거루와 사막여우의 경우 서식지에서는 평생 추운 겨울을 한 번도 겪지 않는다. 사계절이 뚜렷한 우리나라의 동물원은 캥거루와 사막여우에게 서식지와 똑같은 환경을 제공하지 못하지만, 추운 겨울에도 최대한 따뜻하게 지낼 수 있도록 한다.

또 스스로 좋은 조건을 찾아 나서는 서식지의 동물처럼 동물원의 동물도 환경을 선택할 수 있게 해야 한다. 햇빛 피할 곳을 만들 때 나무도 심고 그늘막도 마련하는 식이다. 동물에게 선택권을 주는 것은 동물의 5대 자유 중 하나다.

동물의 5대 자유

국제적으로 통용되는 동물 복지의 기본 개념이다. 1979년 영국 동물농장복지위원회에서 제정했다.
① 배고픔(영양 불량)이나 갈증으로부터의 자유
② 불편함으로부터의 자유
③ 아픔(상처나 질병)으로부터의 자유
④ 정상적인 행동을 할 수 있는 자유
⑤ 두려움과 공포로부터의 자유

코뿔소의 진흙 구덩이, 관박쥐의 인조 동굴

서식지 환경은 종마다 다르다. 바위가 많은 곳, 나뭇가지 위, 땅속, 굴속, 물가 등 다양하다. 예를 들어 오랑우탄은 주로 나무 위에서 생활한다. 수컷은 홀로 살고 암컷은 새끼와, 또는 동료 2~3마리와 모여 산다. 좋아하는 먹이는 과일이다. 전체 먹이양의 65~90퍼센트를 차지한다. 나뭇잎, 나무껍질, 곤충, 새알 등을 먹는다.

오랑우탄은 팔뚝과 손의 힘이 좋다. 5개의 손가락은 나뭇가지를 움켜쥐기 좋게 생겼다. 나뭇가지로 팔을 쭉쭉 뻗어 이 나무에서 저 나무로 훌쩍훌쩍 이동한다. 양팔을 쭉 뻗으면 2미터가 넘는 오랑우탄도 있다고 하니, 이동 속도가 빠를 수밖에 없다. 그리고 매일 밤 나뭇가지를 꺾어 엇갈리게 쌓아 놓고 그 위에 누워 잠을 잔다. 오랑우탄의 삶은 나무와 떼려야 뗄 수 없다. 그래서 오랑우탄 방사장에는 나무둥치를 여러 개 세우고 밧줄로 얼기설기 연결시켜 놓는다. 오랑우탄은 이 밧줄을 타고 오르락내리락하거나 다른 나무로 옮겨 간다. 서식지에서 하듯이 말이다.

코뿔소는 사바나, 광활한 초원, 늪, 관목 숲 등에 산다. 암컷은 홀로 또는 무리 지어 살며 적게는 2~3마리씩, 많게는 14마리까지 모여 지낸다. 새끼는 2~3세쯤 되면 슬슬 독립할 준비를 한다. 수컷은 홀로 살며, 자신만의 영역을 둔다. 오줌을 싸서 영역 표시를 하고, 다른 개체의 영역과 맞닿은 곳에는 배변해서 자기 땅임을 알린다. 다른 수컷도 이에 질세라 그 자리나 바로 옆에 배변해서 똥 무더기를 만든다. 영역 없이 사는 수컷도 있다. 여기저기 떠돌면서 신랑감을 찾아 헤매는 암컷의 눈에 들기도 하고, 치열하게 영역 다툼을 하는 수컷들의 공격을 피하기도 한다.

코뿔소는 곤충이 몸에 달라붙는 것을 막기 위해 진흙 목욕을 자주 한다. 그래서 어느 동물원이든지 코뿔소 방사장에는 흙이 깔려 있고 진흙 구덩이가 있다. 코뿔소는 시력이 매우 약하지만 청력이 뛰어나고 냄새도 잘 맡는다. 그래서 코뿔소가 사는 곳과 관람객이 다니는 길 사이에는 일정한 공간을 둔다. 사람들의 발소리와 잡담 소리 때문에 코뿔소가 괴로울 수 있기 때문이다.

코끼리는 지구에 현존하는 동물 중에서 덩치가 가장 크다. 아시아코끼리 수컷은 약 5톤, 암컷은 3톤, 아프리카코끼리 수컷은 약 4~6톤, 암컷은 3톤이다. 갓 낳은 새끼도 100킬로그램 정도 된다. 코끼리는 활동 영역도 넓다. 암컷 중심으로 무리 지어 살고, 수컷 새끼는 가족과 함께 지내다 4세 무렵 무리를 떠나 독립한다. 암컷 새끼는 다 커도 가족과 함께 산다. 식구가 너무 많아지면 암컷 몇 마리가 떨어져 나와 새로운 가족을 이루기도 한다.

코끼리도 목욕을 한다. 코끼리의 목욕은 묵은 때를 씻어 내는 사람의 목욕과 다르다. 더울 때 늪지대의 물속에 몸을 담가 체온을 떨어뜨리고, 피부에 달라붙는 성가신 곤충을 쫓기 위해 코뿔소처럼 진흙 목욕을 한다. 그래서 동물원의 코끼리 방사장에는

진흙 목욕은 코뿔소에게 빼놓을 수 없는 하루 일과다.

흙도 잔뜩 깔려 있고 물웅덩이도 있다.

조류는 크게 물새와 산새로 나뉜다. 박새, 참새, 꾀꼬리, 소쩍새 등이 산에 사는 산새고, 오리류, 저어새, 가마우지 같이 물속이나 갯벌에서 먹이를 잡아먹고 사는 종이 물새다. 산새의 발가락은 나뭇가지에 앉기 좋게 생겼다. 물새의 물갈퀴는 헤엄을 잘 치도록 돕는다. 산새와 물새는 부리 모양도 다르다. 산새의 부리는 짧고 뾰족해 씨앗을 빼 먹거나 열매를 콕콕 쪼아 먹기 편하다. 반면 물속에 부리를 넣어 먹이를 찾아 먹는 저어새의 부리는 주걱처럼 뭉텅하고, 갯벌에서 먹이를 잡는 도요새의 부리는 뾰족하고 길다.

동물원의 조류 사육장은 새들의 특성에 맞게 만들어진다. 산새가 사는 곳에는 나무를 심거나 나뭇가지를 세워 산새가 횃대로 이용할 수 있게 한다. 종마다 발가락의 길이가 다르므로 다양한 굵기의 나뭇가지를 여러 개 놓는다. 그리고 바닥에 흙을 깐다. 산새는 깃털에 달라붙는 성가신 벼룩을 모래 목욕으로 털어 내기 때문에 산새장 바닥에는 흙이 필수다. 반면 물새장에는 반드시 물웅덩이를 둔다. 물새는 물위에 떠서 놀거나 자맥질을 해 미꾸라지 같은 먹이를 잡아먹는다.

기린은 동물 중에서 키가 가장 크다. 수컷의 키는 약 3.9~5.2미터, 암컷은 3.5~4.7미터다. 야생에서 아카시아잎, 미모사, 살구나무잎, 넝쿨식물을 즐겨 먹고, 계절에 따라 꽃과 나무 열매도 먹는다. 기린사의 먹이통은 높은 곳에 설치된다. 기린이 목을 구부리

기린사의 먹이통은 높은 곳에 설치된다. 기린이 목을 구부리지 않고 편하게 먹을 수 있도록 배려한 것이다.

지 않고 편하게 먹을 수 있도록 배려한 것이다. 얼룩말, 산양 등의 먹이통도 눈높이에 맞게 설치된다. 동물원에서는 먹이도 아무렇게나 주지 않는다.

굴을 파는 습성이 있는 늑대, 여우, 오소리, 육띠아르마딜로의 방사장은 흙으로 가득하다. 이 동물들은 굴을 만들어 그 안에서 쉬고 새끼도 낳아 기른다. 나무 타기를 좋아하는 긴팔원숭이의 방사장에는 나무를 심거나 천장에 줄을 매단다. 팔뚝 힘이 좋은 긴팔원숭이는 틈만 나면 줄을 타고 논다. 침팬지도 마찬가지다. 나무를 잘 타는 너구리판다레서판다의 방사장에는 구름다리를 설치한다. 자유롭게 이리저리 다니면서 무료함을 날리게 하려는 것이다. 서식지에서 동굴 천장에 매달려 사는 관박쥐의 방사장에는 인조동굴을 만들어 주고, 나뭇가지에 매달려 사는 과일박쥐의 방사장에는 나뭇가지를 넣어 준다.

첫째도 안전, 둘째도 안전!

동물원에서 가장 중요한 것은 안전이다. 동물의 안전, 관람객의 안전, 직원의 안전 모두 중요하다.

방사장을 지을 때는 동물이 다른 방사장으로 들어가거나 관람객에게 다가가는 것을 막기 위해 울타리를 튼튼하게 만든다. 울타리 높이는 동물마다 다르다. 사슴처럼 점프를 잘하는 동물의 방사장 울타리는 사람 키보다 훨씬 높게, 오소리처럼 점프를 못하는 동물의 방사장 울타리는 낮게 만든다. 울타리마다 높이가 다른 이유다. 모든 울타리의 끝부분은 방사장 안쪽으로 약간 꺾여 있다. 동물이 울타리를 타고 기어올랐을 때 자신의 몸무게를 이기지 못하고 떨어지게 하려는 것이다.

어린 수컷들은 서로 높은 서열을 차지하기 위해 틈만 나면 싸운다. 그러다 보면 울타리로 밀쳐지기도 한다. 그래서 싸움이 잦은 동물의 방사장 울타리는 탄성이 있는 출렁출렁한 타이트록망으로 만들어진다. 철근처럼 단단한 울타리에 부딪치면 죽을 수도 있기 때문이다. 눈에 거슬리는 울타리를 설치하는 대신 방사장을 빙 둘러 도랑을 파 놓는 경우도 있다. 그리고 키 작은 나무나 풀을 심어 도랑을 가리기도 한다. 야생을 거니는 느낌이 들게 하려는 의도다.

방사장의 울타리가 아무리 튼튼해도 관람객이 주의하지 않으면 언제든 사고가 날 수 있다. 관람객은 금지된 행동을 하지 말고 지정된 길로만 다녀야 한다.

매일 동물과 마주하는 직원은 안전 수칙을 철저히 지킨다. 육식동물은 물론 초식동물도 위험하다. 코뿔소, 하마, 코끼리 등 덩치 큰 동물을 다룰 때는 안전 수칙을 더 신경 쓴다. 동물사로 들어가기 전에는 동물의 위치를 반드시 확인하고, 들어간 뒤에는 문을 잠근다. 어느 동물원이든 방사장으로 가려면 이중문을 거쳐야 하는데, 동물원의 이중문은 주택의 이중창과 달리 문과 문 사이에 작은 공간이 있다. 문 하나를 열고 들어가 잠근 뒤 다음 문을 열고 들어가야 한다. 동물의 탈출을 막고 직원을 보호하기 위한 안전장치다.

동물사의 문은 반드시 동물사 안쪽으로 밀고 들어가게 되어 있다. 동물이 예기치 않게 튀어나올 수 있기 때문이다. 바깥에서 당겨 여는 출입문이면 동물이 튀어나오거나 따라 나올 경우 순간적으로 동물의 힘을 이기지 못하면 문을 닫을 수 없다. 동물사의 문을 만들 때 반드시 지키는 원칙이다.

동물은 수시로 배변을 한다. 오줌은 흙으로 스며들기 때문에 치우지 않아도 되지만 똥은 매일 치워야 한다. 내실 청소는 동물이 방사장에 있을 때 하고, 방사장 청소는 동물이 내실에 있을 때 한다. 그리고 문은 반드시 걸어 잠근다.

동물사에는 반드시 사육사가 피할 공간을 만들어 놓는다. 동물이 있는 동물사에 사람이 들어가야 하는 경우가 있는데, 이때 생길 수 있는 위험한 상황에 대비하는 것이다. 사람은 빠져나가되 덩치 큰 동물은 빠져나가지 못하도록 전봇대만 한 기둥을 빙 둘러 박는 식이다. 코끼리와 하마의 동물사가 대표적이다. 동물원에는 이처럼 동물과 관람객, 직원을 위한 다양한 안전장치가 마련되어 있다.

동물원에는 동물이 사는 공간과 관람객을 위한 휴식 공간이 꼭 필요하다. 그래서 동물원은 동물이 살기에도 좋고 사람들도 편안하게 쉴 수 있도록 설계된다. 공사가 끝난 뒤에는 구조를 바꾸기 어렵기 때문에 매우 신중하게 진행된다. 동물원 설계는 동물원 건축사와 조경사가 한다.

 동물원 직원의 공간은 사무실과 동물사로 나뉜다. 사무실은 일반적인 회사의 사무실과 같다. 동물사는 동물의 습성에 맞게 만들어지기 때문에 크기와 형태가 종마다 다르다. 맞춤형 단독 주택이나 다름없다. 예를 들어 코끼리 동물사의 벽은 힘이 장사인 코끼리가 밀쳐도 버텨 낼 만큼 특히 튼튼하게 만든다. 출입문과 통로는 덩치 큰 코끼리가 이동하는 데 문제가 없도록 넓게 만든다. 이처럼 동물사는 동물의 특성을 고려해 설계된다.

　동물원 건축사는 동물에 관한 전반적인 지식을 가지고 있어야 한다. 이를 바탕으로 울타리의 굵기와 높이, 환기시키는 방법, 내실과 방사장의 배수로 위치 등을 꼼꼼히 확인하고 세세하게 그림을 그려야 한다. 건축사는 사육사, 전기기사 등과 수차례 의견을 나누며 밑그림을 그리고 설계한다.

　관람 동선을 설계하는 일도 매우 중요하다. 주말, 연휴, 봄과 같은 성수기의 동물원은 동물을 보러 오는 사람으로 북적인다. 관람로는 사람들이 서로 얽혀서 밀려나지 않고 지나가면서 모든 동물을 한번에 볼 수 있도록 설계한다. 관람객의 수를 예측하고 그에 맞게 길의 폭을 결정한다.

　동물원은 사람들이 동물을 관람하는 동시에 쉬는 곳이므로 보기 좋게 가꾸는 일도 중요하다. 동물원 곳곳에 나무를 심고 꽃을 가꾸는 일은 조경사가 담당한다. 조경사는 각 동물의 특성에 맞게 나무를 심는다. 가능하면 해당 동물의 서식지에 있는 종으로 고른다. 기후가 맞지 않아 불가피하게 다른 식물을 심어야 할 때는 서식지의 종과 가장 비슷한 것을 선택한다. 우리나라의 경우 활엽수를 심으면 가을에 낙엽이 되어 겨울에 황량해진다. 그래서 동물원에는 사계절 내내 잎이 푸른 상록수를 심는다. 겨울에도 숲의 느낌을 주기 위해서다.

　조경사는 가지치기, 아픈 나무 치료, 나무 옮겨 심기, 병충해

방제 등의 일도 한다. 다음 해에 뿌릴 씨앗도 받고, 어린나무가 잘 자라도록 관리하는 일도 한다.

아쉽게도 우리나라에는 동물원 건축사와 조경사를 필요로 하는 곳이 많지 않다. 동물원의 수가 적기 때문이다. 하지만 할 일은 많다. 오래된 아파트를 재건축하듯 동물원도 일정한 기간이 지나면 재건축하고 리모델링을 한다. 꼭 필요한 일이다. 실력만 있다면 다른 나라로 뻗어 나갈 수도 있다. 게다가 친환경 건축사, 정원 디자이너가 인기를 끌면서 할 수 있는 일이 많아졌다. 건축사, 조경사를 준비하면서 생태 지식을 쌓으면 이 분야의 전문가로 성장할 수 있다.

동물원 건축사가 되려면 건축학과에서, 조경사가 되려면 조경학과에서, 정원 관리 일을 하려면 원예학과, 생물학과^{식물학 전공} 교수가 있는 대학교, 산림자원학과 등에서 공부하면 된다. 조경은 원예와 관련된 일이지만 조경기사 시험에 응시할 자격을 얻으려면 복수 전공으로라도 조경학과를 졸업해야 한다.

동물원에서는 보이지 않는 곳에서 끊임없이 동물 연구가 이루어진다. 획기적인 발견을 하거나 노벨상을 타기 위한 연구가 아니다. 동물 관리에 필요한 연구다. 동물 행동 풍부화, 동물 영양, 유전자 분석과 호르몬 분석, 보전 연구 등이 있다.

동물도 사람처럼 좋은 음식을 먹어야 건강하다. 동물원에서는 **동물 영양사**가 연구 자료를 바탕으로 균형 있는 식단을 짜고 그에 맞는 식자재를 구입한다. 동물의 식자재는 동물 영양사와 담당 직원들의 엄격한 검열을 통과해야 동물의 밥상에 오를 수 있다. 식자재가 신선한지, 위생적인지 매우 꼼꼼하게 살핀다. 검수가 끝난 사료는 사육사에게 전달된다. 식단은 상황에 따라 조금씩 달라진다. 동물이 입맛을 잃어 먹이를 잘 먹지 않는 여름에는 먹이양을 줄이고, 식욕이 왕성한 가을에는 많이 준다. 임신 여부, 몸무게, 식욕 등을 고려해 동물 영양사가 식사량을 조절한다.

돼지, 닭 등의 가축은 개체들의 생김새가 매우 비슷하다. 생산성을 높이기 위해 품종을 개량한 탓에 유전적 다양성이 떨어지는 것이다. 반면 야생동물은 같은 종도 개체마다 생김새가 다르다. 유전적 다양성이 높기 때문이다. 다양성이 있어야 자연환경이 갑자기 바뀌어도 적응한 개체가 살아남아 멸종하지 않는다. 동물원에서는 유전적 다양성을 높이기 위해 **유전자 분석가**가 유전자를 분석해 유연관계유전적으로 얼마나 가까운지 나타내는 관계를 확인한 뒤 관계가 먼 개체끼리 짝짓기를 시킨다. 다른 동물원에서 동물을 들여올 때도 유전자 분석을 한다. 이를 통해 종도 확인하고 나이도 추정할 수 있다. 겉으로 봐서는 암수를 구분하기 어려운 조류의 성을 감별하는 데 특히 유용하다. 여러 마리의 수컷과 생활한 암컷이 새끼를 낳았을 때도 유전자 분석을 한다.

동물의 번식을 돕는 **호르몬 분석가**도 있다. 동물의 호르몬을 분석해 배란 날짜, 스트레스 정도를 확인하고 임신 확률을 높인다. 분석 결과는 인공수정에도 활용된다.

생태 복원가는 종 복원과 서식지 보전 연구를 한다. 서식지에 방사할 개체 적응 훈련, 방사 지역의 타당성 조사, 방사 후 관찰 업무 등을 한다.

동물 영양사가 되려면 동물자원학과나 사료생산공학과를 졸업하면 된다. 석사나 박사까지 취득하면 동물원은 물론 사료 회사에 취직해 사료를 개발하는 일도 할 수 있다.

유전자 분석가는 생물학과_{생명과학부, 생명공학부, 바이오 관련 학과}나 동물학과, 동물자원학과, 유전공학과에서 공부를 해야 한다. 유전자 분석은 국립과학수사연구원, 원자력연구소, 국립축산과학원, 농업진흥청, 대형병원 등에서도 쓰인다.

호르몬 분석가는 생물학과_{생명과학부, 생명공학부}, 수의학과나 동물자원학과 중에서 동물발생학이나 내분비학 전공 교수가 있는 학과에서 공부해야 한다.

생태 복원가는 생물학과_{생명과학부, 에코과학부}나 과학교육과, 산림자원학과_{산림과학과}에서 공부하면 된다. 수의학과 중에서 생태학이나 야생동물학을 전공한 교수가 있는 곳도 가능하다.

2장

동물원 동물은
왜 잠만 잘까?

동물원에 가서 보면
깨어 있는 동물보다 잠든 동물이 더 많다.
무료해서 잠만 자는 게 아니다.
습성이 원래 그렇다.

야생동물은 어떻게 동물원으로 올까?

개체 수가 적은 희귀한 동물과 식물은 나라에서 보호 대상으로 지정해 관리한다. 우리나라는 환경부와 문화재청에서 한다.

환경부는 보호해야 하는 동물과 식물을 멸종 위기 1급과 2급으로 구분한다. 당장 개체 수가 눈에 띄게 줄어 멸종 위기에 처한 종은 멸종 위기 1급으로 지정한다. 반달가슴곰, 황새, 비바리뱀, 산굴뚝나비, 나도풍란 등이 대표적이다. 가까운 시기에 멸종 위기에 처할 우려가 있는 종은 멸종 위기 2급으로 지정한다. 무산쇠족제비, 따오기, 남생이, 소똥구리, 세뿔투구꽃 등이 있다. 반면에 사람의 생명이나 재산에 피해를 주는 멧돼지나 고라니 같은 야생동물은 유해 야생동물로 지정한다.

문화재청은 자연 자원으로서 중요한 가치가 있는 동물과 식물

종, 번식지와 도래지, 자생지를 천연기념물로 지정해 보호한다. 예를 들어 황새는 천연기념물 제199호고, 경상남도 통영시 한산면 매죽리에 위치한 홍도 괭이갈매기 번식지는 천연기념물 제335호다. 초기에는 크고 화려하고 멋진 새를 주로 등록했는데 지금은 멸종 위기에 처한 종을 등록하는 추세다.

관리하는 기관에 따라 보호 대상을 부르는 이름이 다르다. 환경부에서는 '멸종 위기 종'으로, 문화재청에서는 '천연기념물'로 부른다. 기관마다 보는 관점이 달라서 그렇다. 환경부는 생물로 보고, 문화재청은 문화재로 본다.

천연기념물로 지정된 동물은 법적으로 개인은 소유할 수 없고 동물원에서만 기를 수 있다. 동물원도 반드시 문화재청에 신고하고 허가를 받아야 한다. 기르던 천연기념물이 죽어 박제할 때도, 박제를 다른 동물원에 줄 때도, 훼손된 박제를 불에 태울 때도 반드시 문화재청에 신고해야 한다. 환경부에서 관리하는 멸종 위기 종도 마찬가지다. 법적으로 동물원에서만 기를 수 있다. 멸종 위기 종을 다른 동물원으로 보낼 때는 환경부에 신고해야 한다. 국가적으로 소중한 자산이기 때문에 엄격하게 관리해 보전하려는 것이다.

사연 많은 동물원 동물들

동물원에는 다양한 종의 동물이 있다. 서울대공원에서는 260여 종의 동물을 기른다. 주로 포유류, 조류, 양서류, 파충류, 곤충을 기른다. 마릿수는 종마다 달라 적게는 1~2마리, 많게는 20~30여 마리까지 둔다. 야생에서 무리 지어 사는 종의 경우 습성을 살려주기 위해 여러 마리를 기른다.

동물원에서 기르는 대표적인 육식동물은 호랑이와 사자다. 초식동물은 코뿔소와 코끼리, 잡식동물은 곰과 너구리 등이 있다. 양서류와 파충류는 개구리와 악어를 많이 기른다. 조류는 물새인 오리류와 산새인 부엉이, 소쩍새, 애완 조류인 앵무새 등이 대표적이다. 곤충은 사슴벌레, 개미, 잠자리 등을 주로 기른다. 사슴벌레와 개미는 땅에서 태어나 땅에서 생활하는 육상곤충이고, 잠자리는 물속에서 유충 생활을 하고 땅으로 올라와 생활하는 수생곤충이다.

동물원에 있는 동물은 외부에서 들여온다. 오래전의 이야기지만 야생에서 포획해서 데려오는 경우도 있었다. 물론 포획 허가를 받아서 잡았다. 천연기념물인 경우 문화재청으로부터, 멸종위기 종인 경우 환경부로부터 허가를 받았다. 지금은 포획 허가 조건이 까다로워져서 야생에서 동물을 포획해 데려오는 것은 거의 불가능하다. 다만 연구용으로는 가능하다. 연구 목적을 밝힌 포획 계획서를 작성해 해당 기관에 신청하면 심사를 거쳐 허가를 받는다. 검토 결과 타당성이 부족한 연구로 판정되면 허가가 나지 않는다. 허가를 받아 포획했어도 연구가 끝나면 반드시 포획했던 자리에 풀어 줘야 한다.

지금은 주로 국내외의 다른 동물원에서 동물을 데려온다. 동물원에서 태어난 새끼의 경우 젖을 떼고 독립할 시기가 되면 근친 번식을 막기 위해 다른 동물원으로 보낸다. 얼룩말은 생후 6개월, 사자는 16개월, 코뿔소는 2~4세, 코끼리는 4세 무렵이면 독립한다.

야생동물구조센터에서 데려오는 동물도 있다. 어미를 잃었거나 자연재해로 다친 새끼, 전깃줄에 걸려 날개를 다친 새, 가시 달린 철사 울타리에 다리를 다친 포유류 등이다. 치료한 뒤에는 구조한 곳에 방사하는 게 원칙이지만, 상처가 너무 깊어 영영 날지 못하거

> **야생동물구조센터**
>
> 우리나라에서는 환경부의 지원을 받아 각 도에 하나씩 운영된다. 치료실, 회복실, 야생 적응 훈련장 등을 갖추고 있다.

나 걷지 못하는 경우 방사하지 않는다. 동물원에서는 그중 일부를 데려와 번식시킨다. 유전적 다양성을 높이는 것이다. 자연을 보호하지 않으면 동물이 피해를 입는다는 사실을 교육하기 위해 관람객에게 선보이기도 한다.

개인이 기르다 압수된 멸종 위기 종과 천연기념물을 동물원으로 데려오는 경우도 있다. 멸종 위기 종인지 모르고 외국에서 들여와 번식시키거나 분양받은 동물이다. 외국 여행을 갔다가 호기심에 그곳의 동물을 데려오는 사람도 있는데, 이는 모두 불법이다. 이렇게 들여온 동물은 모두 압수된다. 밀반입된 동물은 국립

생태원으로 보내진다. 국립생태원은 환경부와 문화재청에 신고한 뒤 사육하고, 동물 교환을 통해 동물원으로 보내기도 한다.

동물원의 동물은 동물원 재산이다. 지방자치단체에서 운영하는 동물원의 동물은 해당 지방자치단체의 재산이다. 서울대공원은 서울시 소속이므로 서울대공원의 동물은 서울시 재산이고, 전주동물원의 동물은 전주시 재산이다. 따라서 동물을 다른 동물원으로 보낼 때는 해당 지방자치단체의 허락을 받아야 한다. 동물원끼리 동물을 교환할 때도 마찬가지다. 동물 교환은 값으로 환산해서 가치가 비슷한 동물끼리 한다. 생물이지만 재산이기에 값으로 환산할 수밖에 없다.

어떻게 동물원으로 이동할까?

야생에서 포획하든 다른 동물원에서 데려오든 동물을 운반할 때는 이동 상자를 이용한다. 물론 동물 스스로 이동 상자 안에 쑥 들어가지는 않는다. 두려울 게 없어 보이는 덩치 큰 육식동물도 낯선 것과 마주하면 주저한다. 마취해서 상자에 넣는 것이 가장 쉬운 방법이지만, 마취하는 과정에서 스트레스를 받을 수 있기 때문에 되도록이면 스스로 들어가게 유도한다.

우선 이동하기 며칠 전부터 이동 상자 주위에 먹이통을 놓아 익숙하게 만든다. 그리고 먹이통을 매일 조금씩 이동 상자 입구쪽으로 옮겨 놓는다. 이동 상자 안에 그 동물의 배설물을 넣어 친

근한 냄새가 나게 만들기도 한다. 동물이 이동 상자에 익숙해지면 먹이통을 상자 안에 놓는다. 그리고 동물이 먹이를 먹으러 안으로 들어가는 순간 상자의 문을 닫아 차에 싣는다.

이동 상자의 크기는 종마다 다르다. 토끼처럼 덩치가 작은 동물은 작은 상자에, 덩치가 큰 코끼리는 큰 상자에 넣는다. 이동할 때 동물은 너무 넓은 공간에 놓이면 불안해한다. 몸을 숨길 정도의 공간이면 충분하다. 동물의 복지를 고려한다며 무턱대고 큰 상자에 넣으면 동물이 더 힘들어한다.

상자는 짧은 거리를 이동하든 먼 거리를 이동하든 부서지지 않도록 튼튼하게 만든다. 몸무게가 4~5톤이나 나가는 코끼리는 코로 툭 치기만 해도 사람이 나가떨어질 정도로 힘이 세다. 그만한 힘을 버텨 낼 만큼 튼튼하게 만들어야 한다. 이동 상자는 나무 박스에 철재 틀을 감싼 형태로 만들며, 동물이 숨을 쉬고 바깥도 볼 수 있도록 곳곳에 구멍을 뚫는다.

동물을 해외에서 데려올 때는 비행기 화물칸이나 화물 전용 비행기에 다른 짐과 함께 싣는다. 이동 상자를 화물 바닥에 단단히 고정시켜 흔들리지 않게 한다. 빨리 이동해야 하거나 여러 마리를 데려올 때는 화물 전용 비행기에 동물만 싣기도 한다. 서울대공원에서 돌고래 '제돌이'를 제주도 바다에 방류하러 갈 때도 화물 전용 비행기에 돌고래만 실었다.

동물도 사람처럼 멀미를 한다. 그래서 이동하는 날에는 먹이를 주지 않고 물만 먹인다. 이동 중에 토하다 기도가 막혀 죽을 수도 있기 때문이다. 탈수를 막기 위해 가끔 물만 먹인다. 비행기로 이동할 때도 마찬가지다. 화물 전용 비행기로 이동할 때는 사육사가 곁에서 돌보며 물을 먹인다. 돌고래 같은 해양동물은 사육사가 물을 계속 뿌려서 피부를 촉촉하게 유지시킨다.

동물 이동은 아무 때나 하지 않는다. 일찌감치 계획을 세우고 서늘한 계절에, 이른 아침이나 늦은 오후에 옮긴다. 한여름에는 옮기지 않는다. 안 그래도 상자에 갇혀 심리적으로 불안한 동물인데 날씨까지 더우면 체온이 급격히 올라 치명적인 사고가 생길 수 있다. 한여름에 이동하면 동물이 평소보다 더 흥분할 수도 있고, 탈진할 위험도 크다.

다른 나라에서 동물을 데려오는 경우 동물이 있던 나라에 수출검역증명서를 미리 제출해야 비행기에든 배에든 실을 수 있다. 질병이 다른 나라로 퍼지지 못하게 예방하는 것이다.

목적지에 도착해도 동물원에서는 이동해 온 동물을 곧바로 동물사에 풀어 놓지 않는다. 일단 사람의 접근을 막고 물과 먹이를 주면서 동물이 안정을 취하게 한다. 그러면서 다친 곳은 없는지 눈으로 살핀다. 동물의 혈액을 뽑아 검사하고, 건강검진도 한다. 검사 결과 아픈 곳이 있다면 치료하고, 건강한 것으로 확인되면 동물사로 보낸다.

동물을 옮기다 보면 예기치 않은 문제가 생길 수 있다. 그래서 담당자는 미리 이동 동선을 점검한다. 기린이 대표적이다. 기린을 옮길 때는 먼저 빈 상자를 차에 실고 예정된 길을 따라 이동한다. 터널을 통과하다 박스가 걸리지는 않는지, 가로수에 닿지는 않는지, 급커브 구간은 없는지 미리 점검하고 동선을 짠다.

질병이 발병한 나라에서 동물을 데려올 경우 일정한 기간이 지나야 한다. 예를 들어 구제역은 1년, 광견병과 결핵은 3년, 소해면상뇌증과 스크래피는 5년간 발병하지 않은 나라여야 한다. 질병이 퍼지는 것을 막기 위해서다. 최근 구제역이 이웃 나라에서 심심치 않게 발생하고 있다. 구제역에 걸릴 수 있는 우제류^{발굽이 짝수인 동물로, 소, 사슴, 양, 돼지 등이 있다}는 수입이 막혀 있다고 보면 된다. 우제류가 반드시 필요하다면 최근 1년간 구제역이 발생하지 않은 나라에서 데려와야 한다.

해외에서 동물을 들여오는 것보다 국내 동물원에서 들여오는 것이 절차도 간단하고 경비도 적게 든다. 조류인플루엔자나 구제역이 발생했어도 나라 안에서 이동하는 것이니 법적인 제제도 없다. 다만 조류인플루엔자나 구제역이 발병한 직후에는 병이 전국적으로 확산되는 걸 막기 위해 한시적으로 이동이 금지된다. 그 기간에는 야생동물도 다른 동물원으로 보내거나 데려올 수 없다. 국내에서 들여오든 해외에서 들여오든 모든 동물원은 법적 절차에 따라 동물을 이동시킨다.

홍학이 월요병에 걸리는 이유

전시장을 방문하는 사람들은 대부분 입구를 지난 다음 오른쪽 길로 들어선다. 전시장은 어디든 관람객의 이러한 동선을 고려해 작품을 배치한다. 동물원도 마찬가지다. 가능하면 한 번 지나간 길은 되돌아가지 않고 구석구석 관람할 수 있게 만든다.

방사장을 배치하는 기준은 동물원마다 다르다. 조류, 포유류 등 분류군별로 나누기도 하고 기후대별로 나누기도 한다. 그러나 어디든 멋진 동물을 먼저 보여 준다. 처음부터 관람객의 마음을 사로잡기 위한 전략이다. 동물원에서 가장 먼저 만나게 되는 동물은 홍학이나 기린이다. 훤칠한 키와 미모를 내세워 관람객의 관심을 끌려는 것이다.

무리 생활을 하는 홍학

홍학은 총 6종이 존재하며, 열대나 아열대 지방의 염습지에 서식한다. 우리나라에는 야생에 없고, 동물원에만 있다. 홍학은 서식지의 조건이 나빠지면 다른 곳으로 갔다가 돌아오기도 하지만 철새는 아니다. 물이 얼어 먹이를 잡을 수 없거나 가뭄으로 물이 말랐거나 먹이가 부족하면 조건이 좋은 곳을 찾아 떠날 뿐이다. 홍학은 무리 지어 밤에 이동한다. 최고 시속 50~60킬로미터로, 하룻밤에 500~600킬로미터를 거뜬히 이동한다고 알려져 있다.

홍학은 쭉쭉 뻗은 다리도 근사하고, 분홍빛 깃털도 곱다. 한쪽 다리를 가슴에 묻고 쉬는 모습은 영락없이 인형처럼 보인다. 성큼성큼 걷는 모습에도 품위가 있다. 홍학은 먹는 모습도 독특하다. 참새처럼 콕콕 찍어 먹지 않고 고래처럼 물을 한 모금 입에 넣은 뒤 물을 밖으로 내보내 입안에 걸러진 먹이를 먹는다. 바가지로 우물물을 뜨는 것처럼 부리로 물을 잔뜩 머금고 물만 뱉는 식이다. 부리와 머리가 국자 모양으로 구부러져 있는 걸 보면 조상 대대로 그렇게 먹었을 것이다. 동물원에서는 홍학의 이런 습성을 살려 주기 위해 사료에 물을 뿌린다. 물에 동동 띄운 사료다.

약한 동물은 무리 생활이 필수다. 누가 해코지하러 오지는 않는지, 주위에 천적이 있는지 늘 살펴야 하는데 동료가 많으면 각자 망볼 시간이 줄어든다. 천적에게 습격을 당해도 개체 수가 많으면 공격당할 확률이 줄어든다. 홍학도 서식지에서 무리를 지어

홍학은 서식지에서 무리를 지어 산다. 적게는 50여 마리, 많게는 1,000여 마리가 모여 산다.

산다. 적게는 50여 마리, 많게는 1,000여 마리가 모여 산다. 하지만 동물원은 공간이 한정되어 있어 여러 마리를 기를 수 없다. 그러다 보니 동물원의 홍학은 망보는 데 많은 시간을 쓴다. 마음 놓고 푹 잘 수도 없고, 알을 낳아 품을 여유도 없다. 물론 동물원에는 천적이 없지만 늘 경계한다. 본능이다.

관람객이 동물원에 들어서면 홍학의 마음은 더 불안해진다. 웅성거리는 소리, 사람들이 내는 큰 소리에 귀를 기울이고, 분주하게 오가는 사람들을 눈으로 살핀다. 공격당할까 봐 노심초사한다. 홍학의 눈은 얼굴 옆에 있어서 고개를 돌리지 않아도 좌우가 훤히 보인다. 그런데도 관람객이 많은 주말이면 머리를 휙휙 돌려가며 계속해서 주위를 살핀다. 어찌나 신경을 곤두세우는지, 휴일 다음날이면 어김없이 밥을 남긴다. 월요병을 앓는 것이다.

서식지에서 홍학은 6세 무렵부터 번식한다. 흙을 긁어모아 흙둥지를 만들고 그 위에 알을 한 개씩 낳는다. 그리고 30여 일을 품는다. 안타깝게도 동물원의 홍학은 번식할 나이가 지나도 좀처럼 알을 낳지 않는다. 매년 봄마다 번식하는 흉내를 내며 흙을 긁어모아 둥지를 만들지만 알은 낳지 않는다. 새끼를 기를 자신이 없어서 알을 안 낳는 것으로 추정된다.

끊임없이 밀려드는 관람객을 보며 생활하는 홍학이 번식한 사례는 매우 드물다. 동물원에서는 한적한 곳에서 특별 관리를 받는 홍학만 번식한다. 관리를 받는 홍학은 거울이 빙 둘러진 곳에서 생활한다. 거울에 비친 자신을 동료로 착각해 무리 지어 생활하는 것처럼 느끼게 하는 속임수다. 홍학은 자기 얼굴을 못 알아보기 때문에 눈속임이 통한다. 또 전담 사육사 외에는 아무도 얼씬거리지 않아야 한다. 이렇게 1~2년 관리를 받으면 일부는 알을 낳아 번식한다. 우리나라의 동물원에서도 특별 관리를 받은 홍학은 알을 낳았다.

기린은 어떻게 가족을 이룰까?

사람은 동물의 세계를 사람의 기준으로 해석하는 경향이 있다. 그중 하나가 동물도 사람처럼 부모와 자식으로 가족을 이뤄 한 집에 산다고 착각하는 것이다. 동물원에서도 대부분의 관람객은 동물 두 마리가 나란히 있으면 부부라고 추측한다. 하지만 이는 지극히 인간적인 생각일 뿐이다.

물론 사람처럼 암컷과 수컷이 짝을 이뤄 함께 생활하는 동물도 있다. 갈매기처럼 바다에 사는 새는 90퍼센트 이상이 일부일처로 산다. 까치, 까마귀, 참새 등도 마찬가지다. 암수가 함께 둥지를 짓고 알을 낳아 번갈아 가며 품는다. 새끼가 알을 깨고 나오면 역시 번갈아 가며 먹이를 잡아다 준다. 그리고 다 큰 새끼는 부모 곁을 떠난다. 대체로 봄에 태어나 겨울이 오기 전에 독립한다. 새끼가 독립하고 나면 둘의 관계는 끝이다. 근처에 살아도 본체만체하며 지낸다. 다음 해에 다시 짝이 되기도 하고, 다른 개체와 짝을 이루기도 한다.

모든 조류가 일부일처로 살지는 않는다. 암컷 1마리가 여러 마리의 수컷을 거느리고 사는 종도 있다. 물꿩은 일처다부다. 다만 알을 낳고 나면 남이다. 알을 품고 새끼를 키우는 일은 온전히 수컷의 몫이다. 반대로 수컷 1마리가 암컷 여러 마리와 사는 조류도 있다. 원앙이 대표적이며, 암컷이 혼자 알을 품고 새끼를 기른다.

모든 새는 새끼를 기를 때만 둥지를 이용한다. 잠자리는 따로 정해 놓지 않는다. 누가 공격할지 봐야 해서 전망이 좋은 나뭇가지에 앉아서 잔다.

곰, 코뿔소, 기린 등의 포유류 수컷은 가족이 없다. 발정기일 때만 번식을 위해 짝을 이루고 그 뒤로는 남이다. 말하자면 이 동물들의 세계에서 가족은 어미와 새끼만으로 이뤄진다. 새끼가 어미를 떠나면 가족 관계도 끝난다. 수컷은 외톨이로 지내거나 수컷끼리만 모여 산다.

뭉쳐서 살거나 흩어져서 살거나

말, 산양, 낙타, 물개처럼 무리를 지어 사는 포유류도 있다. 수컷 1~2마리, 암컷 5~6마리와 새끼들이 모여 산다. 암컷이 10~20마리까지 되는 큰 무리도 있다. 암컷의 발정기인 이른 봄부터 초가을까지는 무리의 구분이 뚜렷하지만 발정기가 아닌 겨울에는 구분이 애매하다. 서로 멀찌감치 떨어져 살기 때문이다. 그러다가 다시 발정기가 되면 수컷은 다른 수컷이 자신의 무리에 있는 암컷에게 접근하지 못하도록 막는다. 가족이라고 할 수는 없고, 필요할 때마다 모이는 무리다.

늑대와 여우도 수컷 1~2마리, 암컷 5~6마리와 새끼들이 모여 가족을 이루고 산다. 무리의 우두머리 수컷이 사냥을 진두지휘하고 무리도 보호한다. 새끼가 태어나면 암수가 함께 먹여 살린다. 늑대, 여우는 다른 종과 달리 가족 관계가 쭉 이어진다. 새끼 수컷은 다 크면 가족을 떠나 혼자 살지만 새끼 암컷은 다 커도 가족과 산다. 수가 많아지면 일부는 따로 떨어져 나와 새로운 가족을 이룬다. 코끼리도 여우와 늑대처럼 가족 관계가 쭉 이어진다. 다만 암컷이 무리의 중심인 모계 사회다.

몇 십 마리씩 모여 사는 종도 있다. 초식동물과 조류가 대표적이다. 홍학과 오리류는 수천 마리까지 모여서 산다. 두루미는 가족 단위로 지내지만 홍학, 원앙, 청둥오리, 가창오리 등은 가족 구분 없이 많게는 수천 마리씩 우르르 몰려다닌다. 그러다 적이 쳐들어오면 함께 덤벼들어 쫓는다. 모든 새가 무리로 사는 것은 아니다. 참새, 박새, 까치 등은 일정한 간격을 두고 둥지를 틀어 알을 낳고 산다.

하루살이는 몇 십 마리씩 모여서 살지만 가족은 아니다. 철새와 마찬가지로 천적으로부터 살아남기 위해 모여서 생활한다. 나비와 나방은 1마리씩 따로 산다. 몸에 독을 품고 있어 무서울 게 없기 때문이다. 나비와 나방은 종마다 알 낳는 식물이 정해져 있다. 배추흰나비는 배추 같은 십자화과 식물에, 호랑나비는 탱자나무나 귤나무에 알을 낳는다. 알에서 나온 애벌레는 그 식물의 잎을 갉아 먹으며 산다. 그때 그 식물의 독도 함께 먹는데, 대대로 그 식물만 먹었기 때문에 독을 소화할 뿐만 아니라 몸에 저장도 한다.

무리를 지어 살면 천적으로부터 살아남을 확률이 높지만, 먹이 경쟁을 해야 하고 질병에 걸릴 가능성도 높다. 그래서 무조건 많이 모여서 사는 건 좋지 않다. 적절한 수는 종마다 다르고, 먹이의 양과 천적의 유무에 따라 달라진다. 대체로 기린은 약 2~10마리, 산양은 4마리겨울에는 더 많아진다, 말은 20마리, 얼룩말은 20~50마리, 코끼리는 20~50마리 정도다.

동물원은 공간이 한정되어 있어 서식지에서와 같은 규모로 무리를 만들지는 못하지만 최대한 습성에 맞춰 주고 있다. 1마리씩 기를지, 5~6마리씩 기를지, 여러 마리를 떼로 기를지 그 기준은 종마다 다르다. 홍학은 어느 동물원이나 여러 마리를 함께 기른다. 1~2마리를 기르면 종일 경계하느라 제대로 쉬지도 못한다. 코끼리도 1마리씩 기르는 동물원은 매우 드물다. 대체로 3~4마리씩 함께 살게 한다. 새끼가 암컷이면 다 커도 계속 두고, 수컷이면 성적으로 성숙하는 4세 무렵 다른 동물원으로 보내거나 격리한다. 산양, 염소 등도 10마리 내외로 모여 살게 해서 안정감을 준다.

호랑이, 코뿔소 등도 다 큰 수컷은 1마리씩 격리시키기도 한다. 근친 번식으로 새끼가 태어날 수 있어서다. 야생에서는 새끼가 다 크면 어미가 쫓아내기 때문에 자연스럽게 근친이 방지되지만 동물원에서는 직원이 때를 정해 격리해야 한다.

관람객의 시선에서는 암수가 함께 있는 것처럼 보이지만 실제로는 울타리로 나뉘어 있는 경우도 있다. 아예 내실에서 따로 수컷을 기르기도 한다. 동물원에서 암수 한 쌍을 함께 기른다면 새끼가 태어나길 간절히 바라는 종일 가능성이 크고, 암컷끼리 또는 수컷끼리 기른다면 짝을 이룰 개체가 없거나 새끼를 낳지 못하게 격리시킨 종일 가능성이 크다.

동물원 동물이 사는 법

동물원에 가서 보면 깨어 있는 동물보다 잠든 동물이 더 많다. 우습게도 잠들어 있는 동물은 언제 봐도 그 모습이다. 동물원의 하마는 늘 자고 있거나 물속에 몸을 푹 담근 채 눈과 코만 물 밖으로 내놓고 멀뚱멀뚱 쳐다본다. 이런 하마를 깨우기 위해 돌을 던지는 관람객도 있다. 관리실로 전화를 걸어 하마가 깨어 있는지 확인해 달라고도 한다.

반면에 활발하게 움직이는 동물들은 언제 봐도 분주하다. 원숭이류는 볼 때마다 바쁘다. 친구들과 까불며 놀고, 싸우고, 서로 털을 골라 주고, 수컷은 암컷의 꽁무니를 졸졸 따라다닌다. 벌러덩 누워 넋을 놓고 잠을 자는 경우는 드물다.

왜 자는 동물이 많을까?

동물에게 쉰다는 것은 멍하니 있거나 꾸벅꾸벅 졸거나 깊은 잠에 빠지는 것이다. 사람은 대부분 낮에 활동하고 밤에 잠을 잔다. 하지만 동물은 잠자는 시간과 활동하는 시간이 완벽하게 구분되지 않는다. 종에 따라 선잠을 자거나 토막잠을 자거나 뇌의 반쪽만 자며 수시로 쉰다.

동물마다 주로 활동하는 시간은 있다. 야행성 동물은 쥐, 박쥐, 올빼미, 코알라, 캥거루, 왈라비, 고양이, 코요테, 여우원숭이, 하이에나, 사자, 늘보로리스, 스라소니, 삵, 표범, 호랑이 등이다. 이 동물들은 주로 낮에 쉬고 밤에 활동한다. 동물의 활동이란 사람처럼 바람을 쐰다거나 친구랑 어울려 돌아다니는 것이 아니다. 어디에 먹잇감이 있는지 살피고 사냥을 한다. 수컷은 발정기의 암컷을 찾아다닌다. 늑대와 여우는 밤에 사냥하는 것을 좋아하지만 낮에 사냥할 때도 있다. 먹잇감이 무엇이냐에 따라 낮에도 사냥을 한다. 늪영양시타퉁가, 바라싱가, 코끼리 같은 초식동물도 밤낮 가리지 않고 활동한다.

낮에 활개를 치고 다니는 동물도 있다. 다람쥐원숭이, 개코원숭이, 일본원숭이, 콜로부스, 마모셋, 맨드릴, 오랑우탄, 고릴라, 침팬지, 들소, 라마, 알파카, 얼룩말, 야생말, 치타, 해달, 북극곰이 대표적이다. 이 동물들은 힘이 세거나 나무를 잘 타서 누가 쫓아와도 잽싸게 도망갈 수 있다. 누구든 따돌릴 자신이 있기에 낮에 버젓이 모습을 드러내고 노는 것이다.

해가 뜨거나 해가 질 무렵 어슴푸레할 때 활동하는 동물도 많다. 동이 틀 무렵에는 밤새 쫄쫄 굶어서 배고프니까 움직이고, 오후 늦게는 긴 밤을 견디려면 먹어야 하니까 움직인다. 토끼, 수달, 붉은사슴, 엘크, 산양, 가젤 등이다. 먹이를 먹고 나면 얼른 한적한 곳으로 이동해 쉬거나 잔다.

잠자는 방법도 동물마다 다르다. 말, 얼룩말, 소, 양은 대체로 서서 잔다. 깊은 잠은 못 자고 몽롱한 상태로 선잠을 잔다. 3~5마리씩 모여서 서로 얼굴이나 몸을 닿을락 말락 하게 붙인 자세로 상대편 다리를 쳐다보면서 잔다. 천적이 쳐들어오면 바로 박차고 도망가기 위한 자세다. 가끔 누워서 자기도 한다. 이때는 꿈을 꿀 정도로 깊은 잠에 빠진다. 주로 잠이 많은 어린 동물이 누워서 잔다.

홍학은 서서 잔다. 과일박쥐와 관박쥐는 태어나면서부터 천장에 매달려 잔다. 집박쥐는 여럿이 다닥다닥 붙어서 잔다. 미어캣은 서로 바짝 붙어서 차곡차곡 포개진 상태로 잔다. 물새는 물 위에 동동 떠서 자고, 산새는 나뭇가지에 앉아서 잔다. 여우는 굴속에서 잔다. 표범은 나뭇가지에 걸터앉아서 잔다. 동물의 잠자리는 대부분 매일 달라진다.

활발한 호랑이를 보고 싶다면

조류는 한쪽 눈은 감고 한쪽 눈은 뜬 채로 잔다. 감은 눈과 연결된 뇌는 자고, 뜬 눈과 연결된 뇌는 깨어 주위를 살피는 것이다. 무리를 지어 잘 때는 가장자리의 새만 한쪽 눈을 뜨고 주위를 살피며 잔다. 한가운데의 새는 두 눈을 감고 푹 잔다. 안심할 수 있어서다. 먼 길을 오가는 철새는 한쪽 눈은 감고 한쪽 눈은 뜬 채로 이동한다. 제대로 가고 있는지 확인도 하고 잠도 자야 하기 때문이다. 며칠 동안 쉬지 않고 날아가는 비결이다.

잠자는 시간은 동물마다 다르다. 육식동물이 가장 길게 자고 그다음이 잡식동물, 초식동물 순이다. 늘 주위를 경계해야 하는 초식동물이 가장 적게 잔다. 코끼리는 하루 평균 약 3.3~3.8시간, 양은 3.8시간, 소는 4시간, 염소는 7.8시간, 개는 8.4시간, 토끼는 8.8시간, 침팬지는 9.7시간, 붉은여우는 9.8시간, 재규어는 10시간, 판다는 10~16시간, 오리는 10.8시간, 닭은 11.7시간, 고릴라는 12~13시간, 고양이는 13.2시간, 사자는 13.5시간, 하마는 16시간을 잔다.

대부분의 초식동물은 토막잠을 잔다. 기린은 5~15분씩 끊어서 하루 평균 3~4시간을 잔다. 깊은 잠을 잘 땐 다리를 꼬아 앉고, 긴 목을 꼬듯이 넘어뜨린다. 초식동물 중에도 잠을 많이 자는 동물이 있다. 코알라는 하루 평균 18~20시간, 나무늘보는 20~22시간을 잔다. 코알라의 주식인 유칼립투스 잎은 섬유질이 많아 소

기린은 5~15분씩 끊어서 하루 평균 3~4시간을 자고, 나무늘보는 20~22시간을 잔다.
무료해서 그러는 것이 아니다. 원래 그렇다.

화하기 어렵고 영양가까지 적다. 코알라는 먹이에서 에너지를 충분히 흡수하지 못하기 때문에 신진대사를 떨어뜨려야 한다. 그러려면 많이 잘 수밖에 없다. 나무늘보는 위가 4개인 데다 주식이 나뭇잎이어서 소화를 잘 못 시킨다. 위에 사는 박테리아의 도움을 받아 소화를 시키기는 하지만 그래도 섭취하는 영양가가 낮다. 그래서 코알라와 마찬가지로 적게 움직이고 많이 잔다.

동물원에서 허구한 날 잠자는 동물은 게을러서, 또는 천적이 없어서 잠만 자는 게 아니다. 습성이다. 낮에 활동하는 초식동물도 배가 부르면 한적한 곳에 숨어 소화시키며 존다. 말이나 양은 마네킹처럼 가만히 서서 실눈을 뜨고 있을 때가 많은데, 무료해서 그러는 것이 아니다. 원래 그렇다. 사자와 호랑이는 늘 드러누워 잠만 자는 것처럼 보이지만 어둠이 깔리면 눈빛이 달라진다.

낮에 잠만 자는 동물의 활발한 모습을 보고 싶다면 동물원 문 열자마자 가면 된다. 야간 개장을 할 때 가는 것도 방법이다. 낮과 전혀 다른 모습을 볼 수 있다.

매서운 칼바람이 부는 겨울

천고마비天高馬肥란 '하늘은 높고 말은 살찐다'라는 말로, 가을을 뜻하는 사자성어다. 실제로 동물원에서도 가을이 되면 포동포동 살이 오른 말을 볼 수 있다.

말의 겨울 준비는 기다란 털이 나고 살이 오르는 것으로 시작된다. 기름진 살은 체력을 유지하는 데 쓰이고 기다란 털은 추위를 막는 데 쓰인다. 봄이 되면 몸매도 돌아오고 긴 털도 빠진다. 그리고 짧은 털이 새로 난다.

가을에 살찌는 것이 어디 말뿐이랴. 겨울을 겪는 모든 동물에게서 나타나는 공통적인 현상이다. 겨울잠을 자는 동물은 신진대사를 최소한으로 줄여 에너지 손실을 막아야 하기 때문에 살이 더 오른다. 반달가슴곰, 오소리, 박쥐 등이다. 이 동물들은 여름이 끝날 무렵부터 알밤, 도토리 등을 닥치는 대로 먹어 살을 찌운다. 동물원 동물도 가을에 가장 많이 먹는다.

동물원에 겨울이 오면 반달가슴곰은 한쪽 구석에 몸을 웅크리고 존다. 겨울잠 초기다. 추워서 웅크리는 것이 아니다. 주의가 산만해 깊이 잠들지는 못하고 꾸벅꾸벅 존다. 북극곰은 피부 아래 두툼한 지방층을 에너지원으로 이용해 체온을 유지한다. 빨대처럼 생긴 털은 공기로 채워져 몸의 열 손실을 막고, 촘촘하게 온몸을 감싸 보온 기능을 한다. 이뿐만 아니라 북극곰의 회색 피부는 털 사이로 들어오는 햇빛의 열을 놓치지 않고 흡수한다. 검은색 코도 햇빛을 흡수하는 데 한몫한다.우리나라의 동물원에는 북극곰이 없다.

물개와 펭귄은 두툼한 지방층이 온몸을 감싸고 있어서 차가운 바다를 헤엄치고 다녀도 체온이 유지된다. 지방층은 에너지원으로도 쓰이는데, 지방층의 예비용 살은 더 커질 틈도 없이 계속해서 소비되기 때문에 비만인 해양동물은 없다. 물개와 펭귄은 열

손실을 줄이기 위해 여러 마리씩 무리 지어 생활한다.

새의 꽁지 끝에는 기름샘이 있다. 새는 틈만 나면 부리로 기름을 찍어 깃털에 바른다. 그러면 비가 와도 빗물이 몸으로 스며들지 않고 또르르 굴러 떨어진다. 기름 바른 깃털은 두툼한 외투처럼 체온을 유지시키는 기능도 한다. 그래도 견딜 수 없을 만큼 매서운 한파가 몰아닥치면 덜 추운 곳으로 떠난다. 바로 겨울 철새다. 제비처럼 따뜻한 여름만 찾아다니는 여름 철새도 있다.

참새, 박새, 까치 등은 내내 한 곳에 살면서 추위를 이겨 낸다. 가을이면 털이 더욱 촘촘하게 온몸을 감싸 열을 가둔다. 새는 말과 반달가슴곰처럼 가을에 살이 오르지 않는다. 살이 오르면 잘 날지 못해 이미 모두 잡아먹혔을 것이다. 새는 살을 찌우는 대신 한쪽 다리로 번갈아 서며 열 손실을 줄인다. 최대한 활동을 자제해 에너지 낭비를 막고 추위를 극복한다.

동물원에서 여름에 봤던 새들이 겨울에 보이지 않는다면 따뜻한 공간으로 옮겨 살고 있는 것이다. 앵무새, 홍학, 관학이 대표적이다. 코끼리와 캥거루도 추운 겨울에는 따뜻한 곳으로 이동한다.

뜨거운 볕이 내리쬐는 여름

동물은 항온동물정온동물과 변온동물로 나뉜다. 조류와 포유류는 항온동물로, 체내 온도가 항상 일정하게 유지된다. 더울 때는 땀을 흘리거나 열을 발산해 체온을 조절한다. 어류, 양서류, 파충류는 변온동물로, 체온이 주위의 온도에 따라 변한다. 그렇다고 한 없이 바뀌는 것은 아니다. 변온동물은 대기 온도가 5~10도이거나 35~40도인 지역에 살며, 겨울이 되기 전에 땅속으로 파고들어가 잠을 잔다. 곰의 겨울잠은 얕고 짧지만 변온동물의 겨울잠은 기온이 충분히 올라가는 봄까지 길게 이어진다.

사람은 땀을 흘려 체온을 낮춘다. 땀이 증발하면서 몸의 열을 빼앗아 체온이 떨어지는 원리다. 야생동물은 다르다. 새, 호랑이, 코끼리와 같은 야생동물이 사람처럼 땀을 줄줄 흘린다면 순식간에 탈진해 생명이 위험해질 것이다. 야생동물은 수분을 바로바로 보충할 수 없기 때문에 열을 발산시켜 체온을 낮추는 방식으로 진화했다.

코끼리는 더울 때 귀를 팔랑거린다. 그러면 몸의 열기를 담은 혈액이 귀의 수많은 혈관을 지나는 동안 식는다. 이 혈액은 다시 온몸을 돌면서 체온을 내린다. 이렇게 하면 13도 정도를 낮출 수 있다. 피부도 한몫한다. 코끼리의 피부는 손금처럼 골이 파인 주름으로 이뤄져 있다. 늙어서 생기는 주름이 아니다. 표면적을 넓혀 열을 많이 내보내려는 것이다. 주름 틈에 생긴 습기가 증발하면서 열을 빼앗아 체온을 낮추는 효과도 있다. 몸의 열을 최고 75퍼센트까지 조절할 수 있는 비결이다. 물론 더위에는 뭐니 뭐니 해도 그늘과 목욕이 제일이다. 코끼리 사육장에는 물웅덩이가 꼭 있다.

코끼리의 피부는 손금처럼 골이 파인 주름으로 이뤄져 있다. 표면적을 넓혀 열을 많이 내보내려는 것이다.

앞발을 핥는 캥거루를 본 적 있을 것이다. 덥지 않을 때는 몸을 깨끗하게 하려고, 더울 때는 더위를 피하려고 하는 행동이다. 캥거루의 앞발에는 혈관이 많다. 체온이 올라가면 캥거루는 앞발이 촉촉해질 때까지 혀로 핥는다. 그러면 앞발에 묻은 침이 증발하면서 열을 빼앗아 자연스럽게 체온이 낮아진다.

개, 돼지는 더울 때 입을 벌리고 혀를 밖으로 쭉 빼서 헉헉거린다. 열기를 숨으로 뱉어 내고 혀를 시원한 공기와 접촉시켜 체온을 낮추는 것이다. 코끼리가 귀를 팔랑거리는 것과 같은 이치다. 반면에 사막에 서식하는 동물은 아무리 더워도 수분이 함유된 공기를 입 밖으로 내보내지 않고 몸만 식힌다. 물이 귀한 곳에서는 체내의 수분을 한 방울도 빼앗기지 않아야 살 수 있어서 그렇게 진화했다.

새들의 체온은 섭씨 40도 정도로, 다른 종보다 높다. 새들은 체온이 올라가도 사람처럼 땀을 흘리거나 개처럼 헉헉대지 않는다. 호흡 속도가 워낙 빠르기 때문에 정상적으로 숨만 쉬어도 자연스럽게 체온이 떨어진다. 털이 없는 부위인 발, 다리, 눈 주위의 살갗으로도 열을 내보낸다. 체온을 빨리 떨어뜨려야 사는 종은 눈 주위가 도톰한 살로 둘러싸여 있다.

열대 조류인 토코투칸은 덩치에 비해 부리가 매우 크다. 이 부리에는 수많은 혈관이 그물망처럼 퍼져 있는데, 체온이 올라가면 부리의 혈관으로 혈액을 많이 보낸다. 혈관을 타고 지나가는 동안에 공기와 접촉해서 식은 혈액은 다시 몸으로 퍼지며 체온을 떨어뜨린다. 정상 체온으로 돌아오면 혈액을 부리로 보내지 않는다.

새는 여름 한낮에 쓸데없이 돌아다니지 않고 쉰다. 참새, 박새처럼 작은 산새는 반복해서 머리를 물속에 처박거나 날개를 퍼덕거려 체온을 떨어뜨린다. 물새도 평소보다 자주 자맥질을 해서 물에 몸을 담근다. 새들은 평소에 날개를 옆구리에 딱 붙이고 있는데 더울 때는 날개를 몸에서 약간 떼고 그 사이로 공기가 흐르게 해서 체온을 낮춘다. 동물원에서는 바람이 잘 통하도록 사육장을 만들고 물웅덩이를 준비해 새들이 더위를 견딜 수 있게 돕는다.

사육사도 보기 힘든 짝짓기

생명체는 에너지를 이용해서 생명을 유지하고 자기 복제를 통해 세대를 이어 간다. 방법은 종마다 다르다. 식물은 광합성을 하고, 초식동물은 풀을 먹고, 육식동물은 다른 동물을 먹어 에너지를 만든다. 그리고 무성생식 또는 유성생식으로 세대를 이어 간다. 효모와 히드라는 줄아법으로, 균류는 포자로, 짚신벌레와 아메바는 이분법인 무성생식으로, 동물과 식물은 유성생식으로 대를 잇는다. 번식은 생물학적으로 자기 유전자를 공유하는 개체를 만드는 행위다. 자신은 죽어도 유전자는 생존하게 하는 것이다. 자식을 낳는 것은 자기 유전자를 영원히 살게 하는 첫걸음이다.

심한 표현 같지만 생명체의 최종 목표는 번식이다. 동물의 세계에서 수컷은 암컷에게 자신의 힘과 유전적 우월성을 자랑하기 위해 영역을 만든다. 자신을 선택하면 끼니 걱정 없이 살 수 있다고 과시하는 것이다. 수컷들은 좋은 땅을 서로 차지하려고 다투고, 영역을 독차지한 수컷은 암컷 앞에 당당하게 나선다. 암컷은 가장 좋은 조건을 가진 수컷을 선택한다. 암컷이 수컷을 고르는 기준은 얼마나 넓은 영역을 가졌느냐도, 싸움을 얼마나 잘하느냐도 아니다. 번식 성공률이 얼마나 되느냐다. 즉 후손을 많이 퍼뜨릴 가능성이 높은 수컷을 고르는 것이다.

동물은 번식할 때만 짝짓기를 한다

수컷이 1년 내내 시도 때도 없이 암컷의 꽁무니를 졸졸 따라 다니는 것은 아니다. 임신이 가능한 발정기에만 암컷의 곁에 바짝 붙어 구애 행동을 한다. 그 외에는 암컷이 아무리 매력적이어도 거들떠보지 않는다. 아주 멀리 떨어져 지내는 것은 아니고, 주위를 얼쩡거리면서 암컷의 발정기를 기다린다. 발정기가 되면 수컷은 언제 본체만체했냐는 듯 끊임없이 구애 행동을 한다.

발정이 왔는지는 어떻게 알까? 수컷은 단번에 안다. 달라진 암컷의 행동과 냄새로 안다. 심지어 배란기도 알 만큼 민감하다. 사람은 동물의 발정기를 알아차릴 수 있을까? 자세히 눈여겨보면 알 수 있다. 발정이 오면 평소와 달리 총총거리며 걷고, 오줌을 찔끔찔끔 자주 누고, 생식기가 약간 부풀어 오른다. 발정 기간은 종마다 다르다. 얼룩말은 약 2~3일, 코뿔소는 3일, 말은 3~7일,

사자와 아시아코끼리는 4일, 아프리카들소는 5~6일, 호랑이는 5~7일, 스라소니는 5~10일이다. 소는 약 12시간, 양은 30시간, 돼지는 44시간으로 매우 짧다. 이 동물들의 발정기는 너무 짧아서 금방 지나가기 때문에 수컷 외에는 알아차리기 어렵다.

수컷은 냄새로 누구에게 발정이 왔는지 다 안다. 동물의 후각은 사람보다 몇 십 배, 몇 백 배 발달했다. 수컷은 암컷의 배설물에 코를 대고 킁킁거리거나 암컷에게 다가가 냄새를 맡는다. 수컷이 밥 먹고 하는 일 중에서 가장 중요한 일이다. 동물원의 동물이 이런 행동을 보이면 누군가 발정 중이거나 발정기가 가까워졌다는 신호다.

번식은 동물의 본능이다. 그래서 임신할 수 있는 신체적 조건이 되었는데 암컷이 일부러 새끼를 안 낳는 경우는 거의 없다. 수컷도 마찬가지다. 암컷에게 짝짓기 대상으로 선택받으려고 필사적으로 노력한다. 발정기에 짝짓기를 못 하면 후손이 그만큼 줄어들기 때문이다.

수컷은 여러 암컷과 짝짓기를 해서 많은 후손을 퍼뜨리려고 애쓴다. 짝짓기 대상으로 선택받으면 거부하지 않는다. 하지만 암컷은 여러 수컷을 놓고 저울질한다. 짝짓기 선택권은 번식에 투자를 많이 하는 성별이 쥐고 있다. 수컷의 정자는 매일 수백, 수천 개씩 만들어지지만 암컷의 난자는 일정한 기간을 두고 한 번씩 만들어진다. 사자는 약 16일마다, 아프리카코끼리는 22일마다, 호랑이는 30일마다, 스라소니는 44일마다, 검은코뿔소는 17~60일마다 만들어진다. 게다가 암컷은 한번 임신하면 임신 기간은 물론 새끼를 낳아 기르고 젖을 뗄 때까지 짝짓기를 할 수 없기 때문에 신중할 수밖에 없다. 그래서 동물은 배우자 선택을 암컷이 한다.

한 번의 짝짓기만으로도 임신하기에 충분한 양의 정자가 암컷의 몸에 전달된다. 하지만 암컷의 주위에는 늘 짝짓기를 하려고 호시탐탐 기회를 노리는 다른 수컷들이 있어서 수컷은 한 번의 짝짓기로 안심하지 못한다. 여러 차례 짝짓기를 해서 더 많은 정자를 건네려고 한다. 심지어 암컷의 몸에 남은 다른 수컷의 정자를 긁어내면서 짝짓기를 하기도 한다. 수컷의 생식기 끝부분이 버섯이나 국자 모양으로 생긴 이유다. 수컷 돼지의 생식기는 전체가 나사 모양으로 되어 있다.

짝짓기 횟수는 발정 기간이 짧은 종일수록 많다. 5~7일 동안 발정하는 호랑이는 하루 20번까지 짝짓기를 한다고 알려져 있다. 열정적인 종이기 때문일까? 아니다. 다른 수컷의 정자보다 자신의 정자를 더 많이 전달하기 위해서다. 그래야 자신의 새끼가 태어날 가능성이 높아진다. 발정기가 지나면 짝짓기는커녕 암컷에게 눈길도 안 준다. 짝짓기를 해봤자 임신이 안 된다는 것을 잘 알고 있어서다. 에너지 낭비를 하지 않겠다는 속셈이다.

동물원에서 동물이 짝짓기를 하는 장면을 본 사람은 드물다.

워낙 순식간에 끝나기 때문이다. 소, 양처럼 발정기가 매우 짧은 종은 더더욱 보기 어렵다. 한밤중이나 새벽에 짝짓기를 하는 경우도 있어서 전담 사육사도 매번 목격하지는 못한다.

임신했는지 어떻게 알까?

사육사는 자기가 돌보는 동물의 발정이 며칠마다 반복되는지 잘 알고 있다. 발정기가 제때 오지 않으면 임신이 되었다고 가정하고 분만 예정일을 계산한다. 그러나 단정할 수는 없다. 마취해서 초음파로 확인하기 전에는 확실히 알 수 없다. 그렇다고 모든 동물을 매번 검사할 수는 없으니 대부분은 분만 예정일까지 지켜본다.

임신 마지막 달에 암컷은 배가 약간 불러 오고 행동이 달라진다. 불안해하기도 한다. 초식동물의 경우 서식지에서는 새끼를 낳을 때가 되면 천적으로부터 안전한 곳으로 이동하기도 한다. 동물원에서는 분만 예정일이 가까워지면 암컷을 격리된 곳으로 옮기거나 가림막을 설치해 심리적으로 안정감을 느끼게 한다. 그러나 무리 지어 생활하는 종은 동료와 어울려 지내게 둔다. 서식지에서도 그렇게 산다.

호르몬 분석을 해서 발정이 왔는지, 임신을 했는지 확인하는 동물도 있다. 고릴라, 오랑우탄, 침팬지 같은 유인원이 대표적이다. 연구 시설을 갖춘 미국 샌디에이고동물원, 브롱크스동물원 같은 곳에서 하는 일이다. 우리나라도 서울대공원에서는 유인원의 오줌을 주기적으로 분석해 에스트로젠과 프로게스테론의 변화를 측정하고 언제쯤 발정이 올지 예측한다. 발정기가 아닐 때는 암컷과 수컷을 격리했다가 호르몬 분석 결과 발정기가 가까워지면 같은 방에서 함께 지내게 할 때도 있다. 서로 애틋하게 만들어 번식시키려는 의도다. 호르몬 분석을 하면 임신 여부와 분만 예정일을 정확히 예측할 수 있다. 연구 시설이 없는 동물원에서는 사람이 쓰는 임신 테스트기로 유인원의 임신 여부를 검사하기도 한다. 임신으로 확인되면 사육사는 새끼를 맞이할 준비를 한다.

조류의 번식은 봄에 둥지 지을 재료를 물어 나르면서 시작된다. 물론 그전에 짝을 만난다. 새들은 겨울이 되면 떼로 뭉쳐 다닌다. 주위에서 흔히 보이는 까치도, 공원의 키 작은 나무나 풀덤불 주위를 날아다니곤 하는 오목눈이도 그렇다. 짝을 정하지 못한 개체들이 단체로 맞선을 보는 자리라고 생각하면 된다.

동물원에서는 조류 사육장에 인공 둥지를 달아 준다. 자꾸 들락거리며 익숙해져야 안심하고 둥지에 알을 낳기 때문에 전년도 가을쯤 설치한다. 원앙, 하늘다람쥐 등의 사육장에는 만들어진 둥지를 설치하고, 황새나 두루미에게는 둥지 지을 소재를 준다. 그러면 자기 입맛에 맞게 만든다.

알은 암컷과 수컷이 번갈아 가면서 품는다. 이른 봄, 둥지에 새가 앉아 있으면 알을 낳은 것이라고 보면 된다. 조류 사육사도 새가 둥지에 앉은 것을 보고 알아챈다. 알을 몇 개 낳았는지는 직접 보기 전에는 알 수 없다.

발정기가 없는 토끼의 번식

여우, 늑대 등은 굴속에 새끼를 낳는다. 여우는 1~2월에 임신해서 3~4월에 새끼를 낳고, 늑대는 1~3월에 임신해서 4~6월에 새끼를 낳는다. 눈썰미 좋은 사육사는 여우나 늑대의 행동을 보고 발정기를 알아챈다. 하지만 임신 여부는 알기 어렵다. 임신을 해도 겉모습은 별로 달라지지 않기 때문이다. 서서히 배가 부르는 사람과 달리 동물은 분만이 임박했을 때만 배가 약간 불룩해진다.

굴속에 새끼를 낳는 동물은 사육사도 새끼를 언제 낳았는지 정확히 모른다. 다만 봄에 암컷이 굴속에 틀어박혀 잘 나오지 않으면 새끼를 낳았을 가능성이 높다. 새끼를 낳은 암컷은 물 먹을 때만 굴 밖으로 나온다. 살이 빠져 홀쭉해지고 젖꼭지가 약간 부풀어 올라 있으면 새끼를 낳은 것으로 추측한다.

토끼의 번식은 독특하다. 포유류는 대개 발정기를 기준으로 분만 예정일을 계산하는데, 토끼는 발정기가 정해져 있지 않아 예측하기 어렵다. 짝짓는 모습이 목격되었어도 마찬가지다. 발정기가 없는 토끼는 짝짓기로 자극을 해야 배란이 된다. 배란을 자극하는 짝짓기로는 임신이 안 되고, 그 뒤에 하는 짝짓기로 임신을 한다. 토끼의 짝짓기는 몇 초면 끝난다. 대신 여러 번 한다.

토끼도 다른 포유류처럼 새끼에게 젖을 주는 기간에는 임신을 못 한다. 토끼는 생후 4~5주 무렵 젖을 떼는데, 젖을 떼면 기다렸다는 듯이 수컷이 다가와 암컷을 꼬드긴다. 짝짓기를 할 때까지 암컷 곁에 머문다. 그리고 앞발로 땅을 꽝꽝 친다. 힘이 세다고 과시하는 것이다. 암컷은 수컷을 이리저리 살펴보며 신중하게 고민한다. 그리고 마음에 들면 암컷도 앞발로 땅을 꽝꽝 쳐서 승낙한다는 신호를 준다. 만약 임신한 상태거나 수컷이 마음에 들지 않으면 암컷은 딴청을 부린다.

토끼의 임신 기간은 약 31~33일로, 매우 짧다. 한 달에 한 번씩 새끼를 낳는 셈이다. 토끼는 성적으로 성숙해지는 시기도 빠르다. 덩치가 큰 종은 생후 6~9개월, 체격이 작은 종은 3.5~4개월이다. 언제 첫 번식을 할지, 몇 번째 짝짓기로 임신이 될지 사육사도 감을 잡기 어렵다. 관찰력이 뛰어난 사육사도 토끼의 임신은 예측하기 어렵다. 다만 암컷이 자기 털을 물어뜯어 뽑거나 지푸라기를 물고 굴로 들어가면 새끼를 낳을 때가 되었다고 추측한다. 털이나 지푸라기로 보금자리를 만들려는 것이다.

토끼는 다른 동물을 물어뜯을 이빨도 없고, 할퀼 발톱도 없고, 하늘을 날지도 못하고, 빠르게 도망갈 능력도 없다. 그래서 굴속에서 산다. 먹이를 먹고 노는 시간 외에는 굴속에 머문다. 잠잘 때, 쉴 때는 물론 새끼를 낳아 기를 때도 은신처로 굴을 이용한다. 그래서 토끼의 시시콜콜한 일상은 사육사가 파악하기 어렵다.

번식하는 동물, 피임하는 동물

수컷들의 서열 다툼은 암컷이 발정기일 때 절정에 이른다. 사슴은 서로 뿔을 맞대고 밀어붙이며 싸우고, 돌산양은 마주보고 달려서 뿔끼리 있는 힘껏 부딪친다. 뿔이 부서지거나 머리가 박살날 만큼 세게 부딪친다. 암컷에게 잘 보이기 위해 죽을 각오로 싸우는 것이다. 하지만 그렇게 해서 우두머리가 되어도 암컷을 차지하지는 못한다. 선택권은 암컷에게 있기 때문이다. 우두머리 수컷은 그저 다른 수컷이 암컷에게 접근하지 못하게 윽박지르고 몸으로 막는다. 싸움에서 진 수컷은 뒤로 밀릴 수밖에 없다. 용케 암컷의 눈길을 끌 수도 있지만 서열이 낮은 수컷은 짝짓기할 가능성이 매우 낮다.

일방적으로 교미하지 않는 동물

2011년 서울대공원의 수컷 고릴라 '고리롱'이 49세의 나이로 세상을 뜨면서 40세인 암컷 고릴라 '고리나'가 혼자 남겨졌다. 서울대공원에서는 대를 잇기 위해 영국 포트림동물원에서 태어난 수컷 '우지지'를 새신랑으로 들여왔다. 19세의 우지지는 한눈에 봐도 어깨가 딱 벌어진 건장한 청년이었다.

사육사는 일단 고리나와 우지지에게 서로의 얼굴을 보게 했다. 옆방에서 지내면서 창문으로 얼굴을 보는 정도였다. 갑자기 만나게 했다가는 고리나가 자기 영역을 침입한 우지지를 그냥 두지 않을 게 뻔했다. 그리고 한 달쯤 지난 뒤 합방시켰다. 애간장을 태워 만나게 하면 만나자마자 사랑을 나눌지도 모른다고 기대하면서 말이다. 그러나 예상과 달리 고리나는 우지지를 본체만체했다. 우지지가 고리나의 관심을 끌기 위해 철쭉을 몇 개 뽑아 휘휘 돌리며 주위를 맴돌았지만 고리나는 거들떠보지도 않았다. 우지지가 슬금슬금 다가가면 어김없이 밀쳐 냈다.

사람들은 힘깨나 쓸 나이인 우지지가 밀어붙여 교미할지도 모른다고 예상했으나 그런 일은 없었다. 암컷인 고리나가 허락하지 않아서다. 수컷 고릴라는 11세 무렵 성적으로 성숙하지만 암컷은 대체로 15세 이상의 수컷에게 교미를 허락한다. 고릴라의 세계에서 수컷은 15세는 되어야 신랑감으로 대우받는 모양이다. 40세인 고리나의 눈에 19세 우지지는 애송이로 보였을 수 있다. 고리나는 끝까지 우지지에게 마음을 열지 않았다. 혹시 몰라서 녹화된 CCTV를 살펴봤지만 포옹하는 장면만 있을 뿐 교미는 없었다. 고리나는 나이가 많아 발정이 뜨문뜨문 불규칙적으로 일어났는데, 포옹하던 그때가 발정기였던 것으로 추정된다.

말 역시 고릴라처럼 발정기인 암컷이 옆에 있어도 수컷이 강제로 짝짓기를 하지 않는다. 다른 수컷이 접근하지 못하게 악착같이 막을 뿐이다. 야생에서는 발정기의 암말이 수말에게 접근해 '힝' 소리를 내며 앞발을 들었다 났다 반복하다 짝짓기를 한다.

서울동물원에서 홀로 지내는 몽골야생말 암컷을 위해 외국에서 수말을 들여와 합방시킨 일이 있었다. 그런데 첫날부터 계획이 어긋났다. 암컷은 수컷을 만나자마자 도망가며 뒷발질을 했다. 말의 뒷발질은 방어 동작이다. 암말이 뒷발질을 하며 싫다고 표현하는데도 수말은 눈치 없이 계속 따라붙어 집적거렸고, 결국 수말은 암말의 뒷발에 차여 죽고 말았다.

암컷에게 선택받으려는 수컷의 구애

봄이 되기 전부터 산에 사는 수컷 새들은 영역을 차지하고 관리한다. 힘이 좋은 새는 먹이가 많고 넓은 노른자 땅을 차지하고, 힘이 약한 새는 먹이가 적고 볼품없는 변두리에 둥지를 튼다. 그리고 영역의 경계에 있는 나무를 옮겨 다니며 노래를 부른다. 자신의 땅에 얼씬도 하지 말라고 수컷에게 경고하는 것이다. 동시에 새끼들을 배불리 먹여 잘 키울 거라고 과시하며 암컷을 유혹한다. 암컷은 동네를 몇 바퀴 둘러보며 여러 수컷을 저울질하다 마음에 드는 수컷의 영역에 들어가 교미한다. 암컷을 강제로 자기 영역에 끌고 가는 수컷은 없다. 호락호락 따를 암컷도 없다. 새들 역시 선택권은 암컷에게 있다. 수컷은 암컷의 선택을 기다리며 애절하게 구애할 뿐이다.

노래하지 않는 원앙, 공작 등의 수컷은 봄이 되면 깃털의 색이 더 선명해진다. 수컷의 깃털은 몸이 건강한지, 유전적으로 좋은지 판단하는 징표다. 암컷은 수컷의 깃털 색깔을 보고 배우자로 선택할지 말지 단번에 결정한다. 화려한 새는 포식자인 올빼미나 매에게 노출될 가능성이 높다. 그런데도 잡아먹히지 않고 살아 있으면 민첩하고 노련한 새로 통한다. 깃털이 화려할수록 생존력이 높은 개체라는 말도 된다. 대를 거듭할수록 깃털은 화려해지기 때문이다. 이 새들도 일방적으로 교미하지 않는다.

우리나라에는 이른 봄 노랑나비가 번데기에서 깨어나는 것을 시작으로 여름과 가을을 거치며 부전나비, 호랑나비, 제비나비 등 다양한 나비가 깨어 연중 날아다닌다. 나비 두 마리가 빠르게 날아다니는 경우는 십중팔구 수컷이 암컷에게 구애를 하는 중이다. 이미 짝짓기를 한 암컷이라면 배 끝부분을 살짝 들어 올려 수컷에게 보여 준다. 그러면 수컷은 더 이상 치근덕거리거나 강제로 밀어붙여 짝짓기를 하지 않고 다른 암컷을 찾아 떠난다. 나방

수컷 원앙의 깃털 색은 봄이 되면 더 선명해진다. 수컷의 깃털은 건강한
지, 유전적으로 좋은지 판단하는 징표다.

의 일부 종은 짝짓기를 한 뒤 수컷이 젤리 같은 끈적끈적한 거품을 암컷의 생식기 주위에 바른다. 젤리는 굳으면서 생식기 입구를 막아 다른 수컷과의 교미를 막는 마개 역할을 한다.

매미, 귀뚜라미 등의 곤충은 수컷만 노래를 부른다. 암컷은 수컷의 노래를 듣고 배우자감인지 판단한다. 수컷은 자리를 잡고 노래를 부르면서 다른 수컷들을 멀리 몰아낸다. 수컷은 암컷보다 빠르게 성장하는데, 알에서 먼저 나와 암컷을 기다리기도 한다. 귀뚜라미가 대표적인 예다. 귀뚜라미는 가을을 상징하는 곤충으로 알려져 있지만 사실 귀뚜라미의 노랫소리는 늦여름부터 들린다. 일찍 깨어난 수컷 때문이다. 수컷 귀뚜라미는 암컷의 선택을 기다리며 노래를 부른다. 귀뚜라미 중에는 노래를 잘하는 수컷 옆에 웅크리고 숨어 있다가 암컷이 다가오면 마치 자기가 노래를 부른 것처럼 나타나 암컷을 속이는 수컷도 있다.

암컷의 허락 없이 수컷이 강제로 짝짓기를 하는 동물도 있다. 개구리가 대표적이다. 이른 봄 수컷 개구리들이 노래를 부르면 암컷은 마음에 드는 수컷에게 접근한다. 수컷은 암컷의 등에 올라 포접을 하고 앞다리에 있는 생식혹으로 암컷의 옆구리를 눌러 호르몬을 변화시킨다. 며칠 뒤 암컷이 알을 낳으면 수컷이 정자를 뿌려 수정시킨다. 그런데 선택받지 못한 수컷들이 암컷에게 엉겨 붙는 경우도 있다. 수컷의 수가 암컷보다 훨씬 많아 일대일로 짝을 이루지 못해서 생기는 사고다.

동물도 피임을 한다고?

일반적으로 사람은 젊을 때 자식을 낳고 나이가 들면 낳지 않는다. 대신 자식의 자식을 돌본다. 이 역시 자신의 유전자를 영원히 남기는 중요한 일이다. 반면에 동물은 새끼를 가능한 한 많이 낳는다. 임신 기간이 길건 짧건 평생 새끼를 낳는다. 죽는 해까지 새끼를 낳는 경우도 있다. 살아남는 새끼가 많지 않은 탓이다. 동물은 스스로 먹이를 구할 수 있게 될 때까지만 새끼를 돌보고 독립시킨다. 새끼와의 관계는 그것으로 끝이다. 부모는 새끼가 곤란한 상황에 처해도 본체만체한다. 새로 태어난 어린 새끼들을 돌봐야 하니 그럴 수밖에 없다.

동물이 낳는 새끼의 수는 종마다 다르다. 곤충과 양서류가 가장 많이 낳는다. 사마귀는 알집에 알을 수백 개 낳고, 메뚜기와 귀뚜라미도 땅속에 수백 개씩 낳는다. 청개구리는 약 250~350개, 맹꽁이는 1,500~3,000개의 알을 낳는다. 곤충과 양서류의 경우 알을 낳는 것으로 부모 역할은 끝이다. 새끼를 돌보지 않고 떠난다. 대부분 죽기 때문에 왕창 낳는다.

반면에 어미가 새끼를 돌보는 종은 적게 낳는다. 침팬지와 말은 1마리씩, 코끼리와 기린도 1마리씩매우 드물게 2마리씩, 늑대는 3~4마리, 여우는 4~7마리를 낳는다. 두루미는 알을 약 2개씩 낳는다. 황새는 3~4개, 까치는 4~6개의 알을 낳는다. 무턱대고 많이 낳지 않고 먹여 살릴 수 있을 만큼만 낳는다.

동물원에는 야생과 달리 천적이 없고 직원들이 잘 돌보기 때문에 새끼가 태어나면 대부분 살아남는다. 동물은 사춘기 없이 곧장 어른이 된다. 동물에게 사춘기가 있는지 없는지 정확히 밝혀지지는 않았지만 사춘기를 나눌 수 없을 만큼 빠르게 성숙한다. 고라니는 1~2세부터, 사슴과 말은 2~3세부터, 기린은 3~4세부터 코뿔소는 6~7세부터 임신할 수 있다.

동물원에서 태어나 다 자란 동물은 국내 또는 국외의 다른 동물원으로 보내진다. 멸종 위기 종은 원하는 곳이 많다. 반면에 호랑이나 사자처럼 흔한 동물은 눈독 들이는 곳이 별로 없다. 천덕꾸러기는 아니지만 인기가 없다. 보낼 곳이 없는 동물은 그 동물원에서 길러야 한다. 사료 값을 비롯한 유지비를 감당해야 한다. 무엇보다도 공간을 마련해야 한다는 것이 가장 큰 문제다. 그래서 상황에 따라 동물원에서는 동물의 임신을 막는다.

번식과 피임을 결정하는 기준

동물원에서 가장 흔하게 하는 피임법은 암컷과 수컷을 따로 두는 것이다. 함께 생활하게 두었다가도 발정기가 가까워지면 분리한다. 사슴이나 양처럼 개체 수가 많은 종은 목욕탕의 남탕과 여탕처럼 암컷은 암컷끼리, 수컷은 수컷끼리 격리시켜 생활하게 한다. 혈기왕성한 동물의 본능을 막는다는 것이 안타깝지만 어쩔 수 없다.

새의 경우 둥지에 석고로 만든 가짜 알을 넣어 준다. 그러면 자기가 낳은 알이라고 착각해 알을 낳지 않는다. 새들은 종마다 정해진 수의 알을 낳고, 그 이상은 낳지 않는다. 그래서 가짜 알을 넣을 때도 그 종이 낳는 알의 개수만큼 넣는다.

유인원인 오랑우탄, 침팬지, 고릴라는 사람처럼 피임을 시킨다. 팔에 캡슐 모양의 호르몬제를 삽입해서 임신을 막는다. 정관수술, 난관수술과 같은 영구 피임법도 있다. 암컷에게 배란 억제약을 먹이는 방법도 있다. 하지만 수술이나 약은 잘 쓰지 않는다. 유인원은 멸종 위기 종으로, 새끼가 태어나면 동물원들이 서로 데려가려고 기다리는 동물이다. 특히 고릴라를 원하는 동물원은 줄을 서 있다. 유인원은 피임보다 번식이 문제다. 다만 혈연관계가 가까운 개체는 짝짓기를 못 하도록 격리시켜 기른다.

모든 종을 피임시키지는 않는다. 번식이 안 돼 애간장을 태우는 경우도 많다. 번식이 필요한 종은 호르몬 검사를 주기적으로 해서 발정이 정상적으로 이뤄지는지 확인하고 배란은 언제인지 예측한다. 관람객의 눈에 띄지 않는 한적한 곳에서 특별 관리를 받는 종도 있다. 동물원은 동물의 번식을 방치하지 않는다. 종 관리 계획을 철저하게 세우고 피임과 번식을 결정해 실행한다.

동물원에서 태어나고 죽다

동물원에서 태어난 새끼는 특별 대우를 받는다. 호랑이, 사자, 반달가슴곰 등이 임신하는 경우 동물원에서는 새끼를 낳기 전에 어미를 독립된 공간으로 옮겨 준다. 조용하고 한적한 곳에서 새끼를 낳고 돌보게 한다. 전담 사육사와 수의사 외에는 한 발도 들여 놓지 못하는 은밀한 곳이다. 하지만 사슴처럼 무리 지어 사는 종은 임신해도 따로 분리시키지 않고 방사장에서 다른 개체와 함께 지내게 한다. 이런 종은 서식지에서도 새끼랑 어미가 우글우글 모여 함께 지낸다. 초식동물은 대부분 그렇다.

판다처럼 귀한 종은 인공수정으로 번식시키기도 한다. 우리나라 동물원에서 인공수정으로 새끼를 낳게 한 사례는 없다. 다만 조류를 인공부화시킨 사례는 많다. 어미 없이 사육사의 손에서 자란 새끼는 종 특성을 학습할 기회가 없어서 같은 종 다른 개체와의 의사소통을 어려워할 수 있다. 지금은 교육하지 않지만, 행동학적으로 종 특성을 살리려면 인공수정, 인공부화로 태어난 새끼를 학습시켜야 한다.

새끼 동물은 어떻게 성장할까?

새끼가 젖을 뗄 만큼 자라면 동료들이 있는 곳으로 옮긴다. 이때 새끼의 이름을 공모하는 행사를 하기도 한다. '출생 100일 기념 이벤트' 같은 것인데, 어디까지나 인간적인 생각이다. 의료 혜택을 받지 못하던 시절에 인간은 갓난아이가 100일까지만 살아도 기뻐하며 떡을 돌렸다. 백일잔치는 여기서 나온 개념이다.

동물은 사람과 달리 성장이 무척 빨라 눈 깜짝할 사이에 자란다. 천적들이 입맛을 다시며 눈을 부릅뜨고 있기 때문에 빨리 자랄 수밖에 없다. 성장이 굼뜨면 잡아먹힌다. 초식동물의 새끼는 태어나자마자 걷고, 2~3주면 뛰어다닌다. 천적이 많은 곳에 서식하는 종일수록 빠르게 성장한다. 해양동물이 대표적이다. 물범은 생후 1개월도 안 되어 어른만큼 자란다. 진화의 결과다. 물론 모든 종이 그런 것은 아니다. 굴속에서 태어나 자라는 종은 한참을 굴속에서 뭉그적거리며 살다가 뒤늦게 밖으로 나온다. 회색늑대는 생후 1개월, 여우는 3개월 만에 굴 밖으로 나와 들락날락한다.

동물은 대체로 봄에 새끼를 낳는다. 하지만 짝짓기를 하는 계절은 종마다 다르다. 만약 모든 동물이 봄에 짝짓기를 한다면 임신 기간에 따라 가을이나 겨울에 새끼를 낳는 종도 있을 것이다. 추울 때 낳으면 새끼가 살아남기 어렵다. 그래서 봄에 태어날 수 있도록 종마다 다르게 발정기가 온다. 예를 들어 사슴의 발정기는 9~10월 중순이고, 임신 기간은 230~240일이다. 봄에 새끼를 낳기 위해 가을에 임신하는 것이다. 붉은여우는 임신 기간이 약 51일이므로 1~2월에 발정하고 3~4월에 새끼를 낳는다.

유럽에서는 여러 동물원이 유럽멸종위기종번식계획EEP, European Endangered Species Programmes을 운영하며 멸종 위기 종을 '계획 번식'시키고 있다. 계획 번식이란 유전적 다양성을 유지하고 근친 번식을 막기 위해 어느 동물원의 암컷과 어느 동물원의 수컷을 교배시킬지 계획하는 것이다. 이와 비슷하게 미국에서는 종보존계획SSP, Species Survival Plan을 운영한다. 이 프로그램에 포함된 종은 새끼가 태어나도 어디로 보낼지 고민할 필요가 없다. 계획대로 진행하면 된다.

동물원에서는 한 배에 태

동물 족보

국제적 멸종 위기 종에게는 족보가 있다. 종마다 족보를 관리하는 동물원도 따로 있다. 예를 들어 호랑이의 족보는 독일 라이프치히동물원에서 담당한다. 국제적 멸종 위기 종이 태어나거나 죽으면 그 내역을 담당 동물원에 보내 최신 자료로 업데이트한다. 우리나라 동물원도 국제적 멸종 위기 종의 새끼가 태어나면 족보에 등록한다.

어난 새끼들이 한 집에 산다. 새끼가 자라면 수컷을 분리해 근친 번식을 막는다. 새끼마다 성장 속도가 다르므로 사육사들은 자세히 관찰하며 적당한 시기를 고른다.

죽어야 태어나는 박제

"사람은 죽어서 이름을 남기고 동물은 죽어서 가죽을 남긴다"라는 말이 있다. 동물원에서 죽은 동물 중 일부는 박제로 만들어진다. 박제는 동물을 두 번 죽이는 것과 같다며 반대하는 사람도 있다. 그러나 박제되는 순간 또 다른 가치가 생긴다. 그 자체만으로는 의미가 적다. 그 개체의 일생과 죽은 이유에 관한 설명이 더해져야 한다. 자연을 훼손하면 동물이 피해를 본다는 강력한 메시지가 담겨야 가치가 있다.

박제의 역사는 1700년대 중반으로 거슬러 올라간다. 프랑스의 과학자 르네 레오뮈르는 1748년 죽은 새를 보존하는 방법을 발표했고 M. B. 스톨라스는 1752년 박제하는 기술을 소개했다. 이보다 앞서 이집트에서는 원형 그대로 보존된 동물 미라가 발견되었지만 박제로 치지는 않는다. 우리나라에서는 죽은 사람이 당시 모습 그대로 바짝 마른 채 발견되기도 했다. 박테리아로부터 완전히 차단되어 썩지 않은 채 보존된 것이다. 그러나 이 역시 박제는 아니다.

1752년 쉰브룬동물원이 만들어지기 전부터 박제는 권력과 부

의 상징으로 통했다. 서민들 역시 너도나도 박제를 집 안에 들여
놓았다. 자기는 보통 사람과 다르다는 것을 은근히 과시하면서
말이다. 그러면서 박제가 사회적으로 널리 퍼져 나갔다. 박제의
황금기는 빅토리아 시대1837~1901다. 실내 디자인 소품으로 박제가
널리 사용되었다. 우리나라는 1970년대까지도 박제를 거실에 진
열했다.

　전설로 불리는 박제의 아버지는 영국의 조류학자인 존 핸콕이
다. 그는 1800년대 중반 박제를 전시회에 수차례 출품했다. 19세
기 유럽의 큰 도시에서는 박제를 제작하는 공방이 어디에든 있
을 정도로 박제가 인기를 끌었다. 박제만 전문적으로 만드는 회
사까지 생겨날 정도였다. 당시의 박제는 동물의 가죽을 벗긴 뒤
그 속에 솜이나 헝겊을 채워 꿰매는 식이었다.

　19세기 후반에는 박제를 의인화해 이야기를 만드는 것이 유행
처럼 퍼져 나갔다. 박제를 장식용품이 아닌 미술 작품으로 선보
인 것이다. 의인화한 박제로 유명한 빅토리아 시대의 박제사는
윌리엄 하트와 그의 아들인 에드워드 하트다. 이들은 동물을 박
제로 만들어 디오라마 형태로 전시해 인기를 끌었다. 그들의 작
품은 지금까지 남아 비싼 값에 경매되기도 한다니, 얼마나 작품
성이 뛰어난지 짐작할 만하다. 당시의 디오라마는 이동식 극장
장치로, 동물의 박제에 이야기를 붙인 전시다.

　20세기에는 새로운 박제 기법이 개발되었다. 헝겊과 솜 대신

발포우레탄폼을 이용해 동물의 몸과 근육 모양을 정교하게 조각한 것이다. 그리고 역동적인 자세를 취하게 만들어 마치 살아 움직이는 듯 보이게 했다. 초기의 박제는 동물의 형상을 보여 줄 뿐이었지만 20세기의 박제는 생동감 있는 모습으로 만들어져 관객에게 더 가까이 다가갔다.

역사적으로 박제 기술은 예술가들이 주축을 이뤄 발전시켰다. 우리나라에도 미술대학을 나와 박제사의 길로 들어선 박제 예술가가 있다. 동물원에 근무하면서 작품을 만들어 내는 사람도 있다. 그의 작품은 기존의 박제와 다르다. 숨을 불어 넣으면 금방이라도 뛰어나갈 것처럼 생동감이 있다.

생태 교육의 현장이 되다

대부분의 사람은 박제를 단순히 죽은 동물로 만든 표본으로만 여긴다. 하지만 박제는 생물학적으로 매우 큰 가치가 있다. 죽은 동물을 땅에 묻으면 썩어 없어지지만 박제로 만들면 오랫동안 볼 수 있다. 해부학, 진화학, 분류학 자료로 유용하다. 멸종된 종의 박제는 더욱 가치 있다. 자연보호에 대한 경각심을 일깨우기 때문이다.

영국 국립자연사박물관, 미국 스미소니언국립자연사박물관, 뉴욕자연사박물관은 1년 내내 관람객의 발길이 끊이지 않는다. 표본 전시는 물론 생물 다양성의 가치를 담은 전시가 많아 흥미

미국 스미소니언국립자연사박물관. 박제는 동물 연구뿐만 아니라 생태 교육, 전시를 목적으로 만들어진다.

롭고 교육적이기 때문이다. 1877년 문을 연 뉴욕자연사박물관에는 인간의 문화, 광물, 동물, 식물, 곤충, 해양생물, 화석 등에 관한 33만 점의 전시물이 있다. 특히 눈길을 끄는 것은 대형 동물의 박제다. 박제품은 동물원의 동물 못지않게 인기가 많다.

2018년 대전오월드에서 우리를 벗어난 퓨마가 사살되었다. 사육사가 청소하면서 실수로 열어 놓은 문으로 퓨마가 빠져 나간 것이다. 사육사가 뒤늦게 알고 퓨마를 급히 찾았으나 바로 찾지 못했다. 동물은 익숙한 길로만 다니는 습성이 있어서 낯선 길로 접어들면 불안해하며 곧장 익숙한 곳으로 되돌아온다. 그 퓨마도 그냥 두었다면 우리 쪽으로 다시 왔을 것이다. 우리 근처에 덫을 놓거나 숨어서 기다렸다가 마취 총을 쏘면 잡아들일 수 있었다. 그런데 안타깝게도 그 퓨마는 사살되었다.

퓨마의 사체를 박제하지 말라는 시민들의 목소리가 여기저기에서 나왔다. 퓨마가 불쌍하다는 이유였다. 결국 박제하지 않고 불에 태웠다. 그런데 만약 박제로 남겨 성급한 결정이 낳은 비극적인 결과를 두고두고 상기시키게 했다면 어땠을까. 사람마다 생각이 다를 테지만, 박제로 새로 태어나게 하는 것도 의미가 있다. 박제의 중요성은 세계적인 자연사박물관에서 증명되었다. 디지털 문명이 발달하면서 박제에 대한 관심이 시들해졌지만 박제는 여전히 교육적으로 가치가 있다. 박제는 동물원의 생태 교육에 있어서도 분명히 긍정적인 기능을 할 것이다.

진로 찾기 **수의사**

세상에 태어난 모든 생명체는 성장하고 늙고 죽는다. 동물도 마찬가지다. 어떤 동물이든지 생로병사生老病死를 피할 수는 없다. 안타깝게 단명하기도 하고 평균수명보다 오래 살기도 한다. 그리고 대부분의 동물은 사는 동안 질병을 앓는다. 평생 단 한 번도 아프지 않은 개체는 매우 드물다.

아픈 동물은 수의사가 치료한다. 동물원에도 동물병원이 있다. 질병이 퍼지는 것을 막기 위해 동물병원은 동물원의 다른 직원들이 쓰는 사무실과 떨어진 곳에 있다. 동물병원에는 입원실도 있다. 동물은 사람과 달리 아플 때 직접 동물병원을 찾아가지 못한다. 그렇다고 사육사가 데려갈 수도 없다. 위험하기도 하고, 서로 말이 안 통해서다. 동물원에서는 일반적으로 수의사가 매일 동물원을 돌며 아픈 동물을 치료한다.

사육사는 자기가 돌보는 동물이 아픈 징후를 보이거나, 밥을 잘 먹지 않거나, 앉거나 누워 있는 시간이 많거나, 평소와 다른 행동을 보일 때 수의사에게 진료를 요청한다. 현장에 도착한 수의사는 아픈 동물을 살펴보고 징후를 파악한 다음에 치료한다. 완치될 때까지 방문해서 치료를 계속한다. 상태에 따라 주사를 놓거나 약물 처방을 한다. 약은 사육사가 밥을 줄 때 먹인다.

오랫동안 치료를 해야 하는 경우에는 동물병원에 입원시켜 돌본다. 상황에 따라 수술도 한다. 동물병원은 수술에 필요한 모든 장비를 갖추고 있다. 수의사가 수술을 하고 나면 사육사가 동물병원 입원실에서 완치될 때까지 동물을 돌본다.

수의사는 왕진 치료뿐만 아니라 정기적으로 건강검진도 한다. 예방주사도 놓는다. 동물의 예방의학적 치료는 매우 중요하고, 앞으로 더 확대될 것이다. 동물을 마취하고 정기검진을 하는 경우에는 혈액을 채취하고 신체 여러 부위의 상태를 측정해서 발달 사항도 기록한다.

채취한 혈액은 동물원 직원으로 있는 임상병리사가 분석한다. 분석 결과는 치료를 담당한 수의사에게 알린다. 수의사는 혈액 분석 결과를 과거의 기록과 비교해 살펴보고 건강 이상 유무에 따라 치료에 활용한다. 동물 영양사에게도 분석 결과를 알려 식단을 짤 때 참고하게 한다. 사람이 병원에 입원해서 혈액,

소변 등을 채취해 온갖 검사를 하고 결과에 따라 치료 방법과 식단을 처방받는 것처럼 동물도 그렇게 한다.

동물원 동물이 죽으면 수명을 다 채우지 못하고 죽든 수명을 다해 죽든 부검해서 죽음의 원인을 밝힌다. 부검 결과는 사육사에게 전달해 남은 동물을 더 건강하게 기르기 위한 중요한 자료로 활용한다.

사람을 치료하는 의사는 환자와 대화하며 아픈 곳과 징후를 알 수 있다. 하지만 동물을 치료하는 수의사는 동물과 말이 안 통하기 때문에 세심해야 하고 경험도 많이 필요하다. 야생동물 전문 수의사는 동물원 외에도 동물 관련 국가기관이나 공기업에 취직하거나 거북이, 조류 등의 특수 반려동물을 치료하는 전문가로 활동할 수 있다.

동물 수의사도 사람 의사와 마찬가지로 의사 면허증이 있어야 한다. 수의사가 되려면 수의학과를 졸업해야 한다. 그래야 수의사 면허 시험을 치를 수 있다. 환경보호가 중요한 이슈로 떠오르면서 야생동물 전문 수의사도 많이 필요해졌다. 치과, 마취과 등의 세분화된 전문가도 필요하다. 특정 분야를 전문으로 하는 수의사가 되려면 수의학과를 졸업한 뒤 대학원석사, 박사에서 공부를 더 하거나 관련된 곳에서 경험을 쌓아야 한다.

큐레이터curator란 '보살피다', '돌보다'라는 뜻의 라틴어 '큐라cura'에서 유래한 말로, 관리 감독하는 사람을 가리킨다. 주로 미술관이나 박물관의 관리자를 큐레이터라고 부른다. 그런데 동물원에도 큐레이터가 있다. 외국에서 동물원 큐레이터는 관리자이면서 전문가인 팀장을 가리키는 반면, 우리나라에서는 관리자보다 전문가로서의 의미가 더 크다. 동물원 큐레이터에는 전시 담당 큐레이터, 생태 담당 큐레이터, 종 보전 큐레이터, 교육 큐레이터 등이 있다.

전시 담당 큐레이터는 관람객이 잘 볼 수 있도록 동물을 배치하는 일을 한다. 새로운 동물을 들여올 경우 어디에 어떤 공간을 만들어서 기를지 방법을 제시한다. 동물사가 낡아 리모델링을 하거나 재건축을 할 때도 능력을 발휘한다. 건축사가 이해할 수 있게 밑그림을 그려 기본 틀을 제공한다. 그러려면 동물의 생태, 종 보전의 세계적인 추세와 해외 동물원의 사례, 건축, 조경 등을 꿰뚫고 있어야 한다. 한마디로 동물원의 만능 전문가다.

생태 담당 큐레이터는 동물이 생활하는 공간을 어떻게 꾸밀지 아이디어를 내고, 사육사가 동물 행동 풍부화 프로그램을 잘해 내도록 돕는다. 해당 동물이 서식지에서 어떻게 사는지, 어떻게 사육해야 스트레스를 덜 받을지 연구하고 현장에 적용한다. 역시 야생동물에 관한 지식을 꿰고 있어야 한다.

국제 멸종 위기 종은 종마다 개체를 관리하는 동물원이 따로 있다. 사람의 주민등록번호처럼 개체마다 고유 번호를 부여해 관리한다. 이렇게 특별 관리를 받는 멸종 위기 종을 데려오려면 전 세계 동물원의 상황을 파악하고 있어야 하는데, 폭넓은 인맥과 전문성이 필요한 일이어서 앞으로 큐레이터가 담당할 가능성이 높다. 점점 더 많은 큐레이터가 필요해질 것이다.

동물원 큐레이터가 하는 일을 정식으로 가르치는 학교는 없다. 개인적으로 생태 지식을 쌓고 외국의 동물원 큐레이터를 벤치마킹하면서 견문을 넓혀야 한다. 국제 협회나 컨퍼런스에 참석해 외국 동물원에서 하는 사업이나 성과를 듣는 것도 좋은 방법이다. 세계동물원수족관협회, 동남아시아동물원수족관협회,

국제동물원교육자협회IZEA, International Zoo Educators Association, 아시아
동물원수족관교육자컨퍼런스AZEC, Asian Zoo Educators' Biennial Conference
등이 있다. 동물 복지, 동물 영양 등 분과별로 소모임도 있다. 인
터넷으로 신청하고 참가비를 내면 개인도 참석할 수 있다.

여러 종의 동물에 관한 지식을 쌓은 학생이라면 동물원 큐레
이터를 직업으로 추천한다. 동물원뿐만 아니라 국립생태원, 국
립공원관리공단, 생물자원관 등에서도 환영받을 것이다. 동물
원 큐레이터가 되려면 생물학과또는 생명과학부, 에코과학부나 동물자원학
과, 수의학과, 과학교육과 또는 산림자원학과또는 산림학과 중 야생
동물학또는 생태학을 전공한 교수가 있는 곳에서 공부하면 된다.

3장

동물과
함께하는
사람들

동물권이 대두되면서 동물을 사육하는 방식이
완전히 달라지고 있다.
동물원은 동물 복지 의식과 함께 발전하고 있다.

사육사의 하루

동물원 직원 중에는 동물을 돌보는 사육사가 가장 많다. 예전에 동물원 사육사는 사람들이 꺼리던 직업 중 하나였다. 뜨거운 여름과 추운 겨울에도 밖에서 일하고 온종일 동물 냄새 나는 곳에 서 있어야 하기 때문이다. 하지만 언젠가부터 사육사가 되려는 사람이 늘었고, 평균 학력도 높아졌다. 이제는 석사 학위를 가진 사육사도 어렵지 않게 만날 수 있다.

사육사는 동물에 관한 기본 지식을 학교에서 쌓는다. 그리고 사육에 필요한 기술은 동물원 실습 또는 자원봉사 활동을 통해 배우거나 동물원에서 비정규직으로 근무하면서 익힌다. 조금 더 전문적인 지식은 선배 사육사에게 배운다. 앞으로는 전문적으로 교육하고 자격증을 부여하는 제도가 생길 것으로 예상된다.

출근하자마자 하는 일

사육사는 동물을 몇 마리씩 돌볼까? 한 사람당 1마리씩 돌본다면 사육사가 엄청나게 많이 필요할 것이다. 서울대공원은 260여 종에 이르는 2,600여 마리의 동물을 사육하고 있다. 코끼리처럼 덩치가 큰 동물은 1마리씩 돌보기도 하지만 고슴도치나 삵처럼 덩치가 작은 종은 사육사 한 명이 동시에 여러 마리를 맡아서 돌본다.

대부분의 사육사는 매일 아침 일찌감치 출근한다. 관람객이 들어오기 전에 동물사를 청소하고 먹이를 줘야 하니 일찍 출근할 수밖에 없다. 출근하자마자 사육사는 작업복으로 갈아입기 전에 자기가 돌보는 동물부터 살핀다. 밤새 별일 없었는지 쓱 둘러보는 것이다. 매일 그림자처럼 붙어서 자식같이 돌보기 때문에 대충 훑어만 봐도 어떤 상태인지 안다. 사육사는 동물사의 문을 열기 전에 반드시 헛기침을 하거나 노크를 한다. 갑자기 들어가면 동물이 놀라기 때문에 미리 인기척을 내는 것이다. 동물을 위한 세심한 배려다.

사육사가 하는 일 중에서 가장 기본적인 업무는 동물에게 물과 먹이를 주는 것이다. 우선 물통의 물이 잘 나오는지 확인한다. 동물이 마시는 물은 수돗물로, 줄어드는 만큼 채워져 언제든지 마실 수 있게 되어 있다. 밥은 하루 이틀 굶어도 살지만 물은 못 마시면 못 산다. 체격이 작은 동물일수록 피해가 크다. 곤충은 물을 하루만 못 먹어도 죽는다.

사육사는 매일 때맞춰 동물에게 먹이를 준다. 동물 영양사가 동물의 체중, 나이, 건강 상태, 계절 등에 따라 적당한 양의 먹이를 준비하면 사육사가 시간 맞춰 배달한다. 말처럼 쉬운 일은 아니다. 사육사는 방사장을 청소하고 먹이를 둔다. 그다음 내실에서 방사장으로 들어가는 문을 열어 동물을 방사장으로 보낸다. 방사장에 맛있는 아침밥이 있다는 걸 동물도 잘 알아서 사육사가 몰지 않아도 간다. 동물이 방사장으로 들어가면 사육사는 문을 잠그고 내실을 청소한다. 청소하면서 대변이 너무 딱딱하진 않은지, 설사처럼 묽진 않은지 보며 건강 상태를 체크한다. 이렇게 내실과 방사장을 오가게 하는 것은 청소 때문이지만, 동물이 아플 때 내실로 불러들여 치료하기 쉽게 훈련하는 것이기도 하다.

힘센 육식동물이라 해도 야생에서 사냥에 늘 성공하는 것은 아니다. 허탕 치는 날이 많아 굶기 일쑤다. 운 좋게 먹이를 잡기라도 하면 그날이 잔칫날이라 포식한다. 어떤 동물원은 야생과 비슷한 환경을 만들어 주기 위해 일부러 육식동물을 일주일에 하루씩 굶기기도 한다. 초식동물은 서식지에서 하루의 85~93퍼센트를 먹는 데 쓰는데, 역시 야생과 비슷하게 만들기 위해 동물원에서는 먹이가 잘 빠지지 않는 거치대에 건초를 넣어 조금씩 빼 먹게 하거나 여러 번 나눠서 준다.

새들도 야생에서는 먹이를 매일 배터지게 먹지 못한다. 온종일 먹이를 찾아 헤매고 다녀야 그나마 배곯지 않는다. 겨울에는 먹이가 특히 부족하다. 나무 열매도, 애벌레도 없다. 풀 씨앗도 늦가을이면 바닥난다. 하지만 동물원의 새들은 사계절 내내 배불리 먹는다. 먹이를 찾으러 다닐 필요도 없다. 허겁지겁 먹고 난 뒤에는 할 일 없이 지낸다. 빈둥빈둥 멍하니 있게 되는 것이다.

그래서 조류 사육사는 일부러 먹이를 한곳에 주지 않고 여기저기 나눠서 준다. 쉽게 찾지 못하게 나뭇잎이나 나무껍질 사이에 감추기도 하고, 쉽게 빼 먹지 못하도록 좁은 틈에 쑤셔 넣기도 한다. 새들은 이리저리 헤매고 부리로 수없이 콕콕 쪼며 어렵게 먹이를 찾아 먹는다. 무료할 시간이 없는 것이다. 새뿐만 아니라 머리가 좋고 눈치가 빠른 원숭이와 같은 동물들의 먹이도 나눠서 준다.

사육사는 동물이 먹이를 다 먹었는지도 반드시 확인한다. 빈 밥그릇을 씻어서 말리고, 소독도 한다. 여러 마리가 함께 지내는 동물인 경우 힘이 센 개체가 약한 개체를 괴롭혀 밥을 못 먹게 하지는 않는지도 살핀다. 힘에 밀려 밥을 적게 먹거나 못 먹는 개체가 있다면 밥그릇을 따로 줘서 굶지 않게 돌본다.

동물사도 가꾸고, 훈련도 시키고

사육사는 시간이 날 때마다 동물의 행동을 관찰한다. 제대로 걷는지, 발정이 온 암컷이 있는지, 임신을 했는지, 서열이 바뀌었는지 등을 관찰해 미주알고주알 기록한다. 동물의 상태를 파악하고 행동을 비교 분석하는 데 쓰이는 중요한 자료다.

사육사는 동물사를 서식지처럼 만드는 일도 한다. 매일 하는 일은 아니고, 미리 날짜를 정해서 한다. 이 역시 동물 행동 풍부화 프로그램이다. 동물이 서식지에서처럼 다양한 행동을 하며 무료하지 않게 지내도록 만드는 것이다. 바위, 나무, 풀은 물론 천연 소재의 장난감을 제공하기도 한다. 산양처럼 바위 위에서 쉬고 낮잠 자는 걸 좋아하는 동물의 방사장에는 큰 바위를 설치한다. 포식자에게 공격당할까 봐 늘 경계하는 초식동물의 방사장에는 작은 나무나 풀을 심어 은신처도 마련한다.

사육사는 직무 교육, 안전 교육 등을 주기적으로 받아 끊임없이 전문 지식을 쌓는다. 동물원도 시간이 지나면 동물사를 새로 짓거나 리모델링을 하는데, 사육사는 이러한 회의에도 참석해서 동물 관리자로서 의견을 전달한다.

다른 동물원에서 동물을 들여올 계획이 잡히면 사육사는 더욱 바빠진다. 동물사를 서식지처럼 꾸미는 것은 물론, 데려올 동물의 배설물

사육사가 되고 싶다면

사육사가 되려면 생물학과생명과학부, 에코과학부, 생명과학부나 **동물자원학과동물과학과, 동물생명공학부, 축산학과, 특수동물학과 또는 수의학과를 졸업해야 한다.** 전문대학 동물 관련 학과동물자원학과, 반려동물학과를 졸업해도 된다.

만약에 동물 관련 학과를 졸업하지 않았다면 동물원에서 비정규직 사육사로 근무한 경력약 2~3년이 있어야 한다.

개인 사정으로 대학교에 진학하지 못한 경우 직장에 다니면서 방송통신대학교 축산학과에서 공부하면 된다.

을 뿌리거나 쓰던 물건을 가져다 놔 익숙한 냄새를 풍기게 만든다. 낯선 곳에서 동물이 받을 스트레스를 줄이고 안정감을 주려는 것이다. 사육사는 늘 어떻게 해야 동물원 동물이 스트레스를 덜 받고 마음 편히 지낼지 고민한다.

사육사는 일주일에 두세 번씩 긍정적 강화 훈련을 시키며 동물과 교감하는 일도 한다. 긍정적 강화 훈련은 서커스를 위한 강압적인 훈련과 전혀 다르다. 사육사가 동물에게 특정한 행동을 지시하고 동물이 그대로 행동하면 칭찬을 하는 훈련이다. 체벌이 아니라 칭찬을 함으로써 친화력을 높여 사육사의 지시를 따르도록 유도한다. 이 훈련은 사육사가 주기적으로 반복해서 진행한다.

동물과 친하면 동물을 관리하기가 훨씬 쉽다. 동물원 동물은 건강검진도 받고 아플 때 치료도 받는데, 사람과 달리 의사소통이 안 되기에 약을 먹이거나 주사를 놓기가 쉽지 않다. 그래서 사육사는 긍정적 강화 훈련을 통해 입 벌리기, 손이나 발 올리기, 몸 돌려 등 보여 주기, 주사 맞을 곳 내밀기 등을 미리 가르친다.

기린은 키가 커서 눈에 눈곱이 끼었는지, 귓속이 깨끗한지 사육사가 눈으로 관찰하기 힘들다. 그런데 긍정적 강화 훈련을 받은 기린은 사육사가 머리를 숙이라는 신호만 주면 사육사의 코 앞까지 얼굴을 내민다. 건강 상태를 눈으로 확인하기에 매우 좋다. 이처럼 훈련되어 있는 동물은 건강검진 때도 스트레스를 덜 받는다. 동물 관리에 반드시 필요한 일이다.

사육사는 새끼를 돌보는 일도 한다. 어미가 젖을 잘 주는지, 다른 어미가 해코지하지는 않는지 살핀다. 흔하지는 않지만 어미가 새끼를 돌보지 않는 경우도 있다. 이럴 때는 사육사가 우유를 먹이면서 기른다. 놀 때는 어미에게 보내고, 우유를 줄 때만 사육사 곁에 둔다. 어미의 소리를 듣고 냄새도 맡을 수 있는 곳에서 젖을 줘 새끼를 불안하지 않게 한다. 또 사육사는 새끼의 성장 과정을 관찰하고 기록한다. 젖을 얼마만큼 먹었는지, 몸무게는 얼마나 늘어났는지 등을 꼼꼼히 기록해 자료로 활용한다.

사육사는 새끼와 어미 사이에 갈등은 없는지도 늘 살핀다. 새끼가 다 크면 어미는 새끼를 멀리하고 새끼는 젖을 더 먹기 위해 어미에게 매달리면서 갈등이 생긴다. 갈등은 새끼가 독립할 나이가 됐다는 신호다. 근친 번식을 막으려면 적당한 시기에 분리해야 하는데, 언제 분리할지 의견을 내는 것도 사육사의 몫이다.

동물의 죽음 이후를 관리하는 것도 사육사다. 동물의 죽음은 대개 예고 없이 발생한다. 돌보던 동물이 죽으면 사육사는 운영사무실에 알리고 사체를 부검하는 부서로 보낸다. 그리고 부검 결과는 남은 동물을 건강하게 사육하는 데 참고한다. 생명체라면 언젠가 죽기 마련이지만 돌보던 동물이 죽으면 사육사는 한동안 마음이 힘든 시간을 보낼 수밖에 없다. 설령 늙어서 수명을 다했다고 해도 말이다.

동물과 관람객과 직원의 안전을 위해

사육사는 동물원 장비와 시설물의 상태를 늘 꼼꼼하게 살핀다. 여름이 되기 전에 펭귄 동물사의 에어컨 상태를 확인하고, 겨울이 되기 전에 캥거루의 난방 장치를 점검하는 식이다. 누가 시키지 않아도 사육사 스스로 연중 계획을 세워서 진행하는 일들이다.

장마철이거나 큰비가 오는 날이면 사육사의 마음은 더 바빠진다. 가장 먼저 배수로로 물이 잘 빠지는지 확인한다. 방사장을 둘러싼 도랑의 배수로가 막혀 물이 고이면 동물이 헤엄쳐서 탈출할 수도 있기 때문에 비가 오기 전에 반드시 확인한다.

퇴근할 때도 문단속은 필수다. 사육사의 몸에는 안전 수칙이 배어 있다. 동물사에 들어가기 전에 동물이 있는지 없는지 늘 확인하고, 동물이 있는 곳을 오갈 때는 반드시 거쳐야 하는 2개의 문을 철저하게 단속한다. 사육사의 모든 업무가 중요하지만 최우선은 안전이다. 동물, 관람객, 직원의 안전을 지키는 일이 사육사에게는 가장 중요하다.

고릴라의 운명을 바꾼 사람들

1822년 영국에서 동물 학대 방지법인 마틴법Martin's Act이 제정되면서 사상 최초로 동물 복지 제도가 만들어졌다. 그로부터 2년 뒤 동물학대방지협회SPCA, Society for the Prevention of Cruelty to Animals가 설립되었고, 1835년 개와 고양이를 포함해 가축의 학대를 예방하는 법이 만들어졌다.

그러나 동물원 운영에 동물 복지 개념이 적용된 것은 1876년으로, 쇤브룬동물원이 문을 연 지 124년이 지난 뒤였다. 그나마도 당시 동물원 동물을 위한 복지는 동물에게 심리적 안정감을 주고, 생활공간을 주고, 아플 때 치료해 주고, 목이 마르지 않게 물을 먹이는 수준이었다. 아쉽게도 이 법은 동물의 고통보다 소유자의 재산권 보호에 더 큰 관심을 두었다.

시민이 나서서 동물 복지를 이루다

사람들이 직접 행동에 나서기 시작하면서 동물 복지 제도는 점점 더 발전했다. 시민들이 앞장서서 동물원 동물의 운명을 바꾼 유명한 사례가 있다. '아이반'이라는 이름의 고릴라 이야기다. 1962년 아프리카 콩고민주공화국에서 태어난 아이반은 쌍둥이 여동생과 1964년 밀렵꾼에게 잡혀 미국으로 보내진다. 그리고 사람의 집에서 애완동물처럼 자란다. 그러던 중 여동생은 죽고, 아이반은 덩치가 커져 워싱턴주 타코마의 쇼핑센터로 옮겨진다. 그리고 겨우 1평 남짓한 콘크리트 우리에 갇혀 살아간다. 좁은 우리 안에서 담배를 피우고 햄버거를 먹는 아이반의 모습은 사람들에게 구경거리로 소비된다.

그런데 1990년 《내셔널지오그래픽》을 통해 아이반의 열악한 처지가 널리 알려진다. 동물 학대라는 여론이 급물살을 타고 퍼져나갔고, 결국 아이반은 1995년 약 6,000제곱미터 규모의 자연 서식지를 갖춘 애틀랜타동물원으로 옮겨진다. 좁은 우리에 갇혀 지낸 지 27년 만에 땅을 밟고, 햇살과 바람을 느끼고, 풀 냄새를 맡으며 살게 된 것이다. 아이반은 늦게나마 시민의 힘으로 행복을 찾고 자연에서 동료들과 어울려 살다 2012년 8월 21일 파란만장했던 50년의 삶을 마감했다.

우리나라에도 이와 비슷한 사연을 가진 동물이 있다. 서울동물원의 코끼리 '사쿠라'다. 1965년 일본 효고현의 동물원 다카라

스카패밀리랜드에서 '메리'라는 코끼리가 새끼를 낳는다. 그런데 새끼는 이미 죽은 상태였고, 메리는 앞서 남편 코끼리도 먼저 떠나보낸 상황이어서 사람들을 더욱 안타깝게 했다. 이 소식은 언론을 통해 알려졌다. 일본 전역에서 메리를 위로하는 목소리가 터져 나왔다. 패밀리랜드는 메리를 위해 죽은 새끼와 나이가 같은 1965년생 태국 코끼리를 데려왔다. 이 코끼리는 공모전을 통해 사쿠라라는 이름을 얻고, 다음 해에 입양되어 온 한 살 어린 수컷 코끼리 '후지'와 새로운 가족을 이뤘다.

하지만 사쿠라의 행복은 오래 가지 않았다. 1990년 메리가 죽고, 1994년 후지마저 죽은 것이다. 그 충격 때문이었는지 생활환경이 좋지 않아서였는지 이후 사쿠라는 말썽을 피우기 시작한다. 관람객에게 물을 뿌리기도 하고 자기가 싼 똥을 발로 차기도 했다. 코끼리는 원래 무리 지어 생활하는 종이기 때문에 홀로 지내면 이처럼 이상행동을 보일 수 있다.

사쿠라가 외톨이 생활을 한 지 10년째 되던 2003년 다카라즈카패밀리랜드는 경영난으로 문 닫을 처지에 놓인다. 그 바람에 동물들은 이곳저곳으로 뿔뿔이 흩어졌다. 안타깝게도 덩치 큰 말썽쟁이 사쿠라는 관심을 받지 못했는데, 다행히 그해 5월 서울대공원에서 입양을 결정한다. 사쿠라는 전과 비교할 수 없을 정도로 넓은 곳에서 생활하게 되었고, 더 이상 말썽을 부리지 않았다. 사쿠라는 지금까지도 서울대공원에서 건강하게 잘 살고 있다.

동물 복지의 역사를 이야기할 때 빼놓을 수 없는 인물이 있다. 바로 제인 구달이다. 구달은 영국 케임브리지대학교 박사과정을 공부하면서 당시 미개척 분야였던 침팬지 연구로 학자의 길을 걷기 시작했다. 그리고 1960년 탄자니아 곰베국립공원에서 침팬지를 연구하며 그동안 밝혀지지 않았던 생생한 이야기를 세상에 알렸다. 제인 구달의 연구는 1960년대 말 과학자들로 하여금 현장 연구에 발을 들여놓게 했다. 이를 계기로 과학자들은 유인원, 돌고래, 늑대 등에 관한 장기 연구에 착수했다.

제인 구달은 많은 사람이 자연보호를 실천하기를 바라며 세계 곳곳에서 강연을 이어가고 있다. 그리고 뿌리와새싹Roots and Shoots이라는 재단을 만들어 앞장서고 있다. 뿌리와새싹은 제인 구달이 1991년 탄자니아에서 16명의 시민과 함께 시작한 환경보호 운동 프로그램이다. 지금은 120여 개국의 성인과 청소년이 자발적으로 참여하는 수십만 개의 모임으로 발전했다. 우리나라에서는 '생명다양성'이라는 재단에서 주관하고 있다.

서울대공원의 초석을 다진 오창영 전 동물부장이 1996년 쓴 《한국동물원 80년사》를 보면 동물원 기본 구상에 동물 복지에 관한 이야기가 나온다. 다른 나라에 비하면 늦은 감이 있지만, 우리나라는 당시부터 동물 복지를 염두에 두기 시작했다.

우리나라에서 동물원의 동물 복지와 관련해 대대적으로 문제제기를 한 곳은 '하호'라는 단체다. 하호는 '하늘다람쥐부터 호랑이까지'의 준말로, 야생동물 보호와 복지 증진을 위해 환경연합 회원들이 결성한 동호회다. 이들은 2002년 1월, 2004년 12월 두 차례에 걸쳐 동물원 실태 보고서인 <슬픈 동물원>을 발간했다. 그리고 동물원이 발칵 뒤집혔다. 녹조가 잔뜩 낀 물에 방치되어 새하얀 털이 녹색으로 변한 백곰, 바닷물이 아닌 지하수에서 살아 눈병을 앓는 잔점박이물범, 좁은 공간에 갇혀 산 탓에 정형 행동같은 행동을 반복하는 것을 보이는 동물들의 이야기가 낱낱이 까발려졌다. 동물 복지에 위배되는 모습이 담긴 사진과 참담한 실태를 조목조목 분석한 글이 언론을 통해 퍼졌고, 동물원에서는 부랴부랴 환경을 개선하기 시작했다. 이는 우리나라 동물원 운영에 동물 복지 개념을 본격적으로 적용하는 계기가 되었다.

동물원은 어떻게 바뀌었을까?

우리나라에서 동물 복지를 또 한 번 사회적 이슈로 떠오르게 한 사건이 있다. 바로 2013년 7월 18일 서울대공원의 남방큰돌고래 제돌이 방사다. 서울대공원은 제돌이가 제주도에서 불법 포획되었다는 사실을 확인하고 원래 살던 제주 앞바다에 방류했다. 이를 계기로 다른 돌고래들, '춘삼이', '삼팔이', '태산이', '복순이'도 방류되었다.

　이전까지 그물에 걸린 돌고래는 어부들에게 당첨된 복권이나 다름없었다. 돌고래를 팔아 큰 수익을 남겼다는 뜻이다. 그런데 제돌이가 방류된 뒤 어부들의 인식도 달라졌다. 돌고래가 그물에 걸리면 구조 센터에 알려 어떻게든 돌려보내려 노력했다. 이뿐만이 아니다. 그물에 걸린 거북이를 방사하는 등 다른 동물의 보호로도 관심이 이어졌다.

2000년대 중반까지만 해도 우리나라 동물원에서 토끼를 만지는 행사는 흔했고, 새끼 호랑이나 사자를 안고 사진을 찍는 행사도 많이 열렸다. 공공 동물원에서도 버젓이 하던 일이다. 그런 사고방식이 통하던 시대였다. 그러나 제돌이를 방사한 뒤 사회적으로 동물 복지의 중요성이 부각되면서 공공기관에서는 동물 만지기, 먹이 주기 등의 행사를 전면 폐지했다.

인공 포육장도 없앴다. 인공 포육장은 어미가 돌보지 않는 새끼를 데려다가 사육사가 키우던 곳이다. 사육사의 손에 자란 새끼는 맹수라 해도 사람이 안고 사진을 찍을 수 있을 만큼 순하게 길들여졌다. 인공 포육장에서 자란 새끼를 안고 사진을 찍는 행사는 수많은 관람객이 늘 줄 서서 기다릴 정도로 인기가 많았다. 전국의 거의 모든 동물원이 앞다퉈 인공 포육장을 만들었다. 그러나 제돌이 방류 이후 동물 복지 의식이 보편화되면서 거의 비슷한 시기에 전국의 동물원들이 자발적으로 인공 포육장을 폐쇄했다.

동물원의 안전 문제와 동물 복지의 관계를 점검하게 하는 사건도 있었다. 2013년 서울대공원에서 호랑이가 사육사를, 2015 년 서울어린이대공원에서 사자가 사육사를 죽이는 사건이 발생 했다. 2018년 대전오월드에서 퓨마가 탈출하기도 했다. 이러한 사건을 겪으면서 동물원에서는 동물이 받는 스트레스를 최대한 줄이는 방향으로 동물사를 개선했고, 안전하지 않은 곳은 뜯어고 쳤다. 새로 짓는 동물사는 말할 것도 없다.

이러한 변화에도 불구하고 일부 동물원에서는 여전히 열악한 환경에서 동물을 사육하고 있다. 최근에는 실내 동물원체험형 동물원 이라는 곳도 등장했다. 실내에 있기 때문에 동물사가 좁고 햇빛 도 비치지 않는다. 동물의 건강에 좋을 리 없다. 그럼에도 몇 년 전부터 전국에 우후죽순으로 들어서고 있다. 동물을 기르는 동물 카페도 많다. 카페에 동물을 풀어 놓는 형태로, 주로 동물을 좋아 하는 사람이 찾는다. 실내 동물원보다 좁고 햇빛도 들지 않는다. 미국 너구리인 라쿤, 토끼, 애완 조류 등을 기르는데, 동물을 가까 이에서 보는 것은 물론 만질 수 있게 한다. 동물이 받는 스트레스 는 이루 말할 수 없다.

동물 복지를 위한 동물원의 노력은 앞으로도 계속될 것이다. 동 물의 스트레스를 최소화하며 행복하게 공존하려면 동물원을 운 영하고 관리하는 사람은 물론, 동물원을 찾는 시민도 함께 노력해 야 한다. 동물원은 사람들의 동물 복지 의식과 함께 발전한다.

행복한 공존을 이룬 동물원

멸종 위기 종이 급격히 늘고 세계 곳곳에서 동물권, 즉 보호받아
야 할 동물의 권리가 대두되면서 동물원에서 동물을 사육하는
방식이 완전히 달라지고 있다.

동물권을 반영한 리모델링으로 동물원에 관한 고정관념을 완
전히 깨고 인간과 동물의 평화로운 공존을 이뤄 낸 동물원이 있
다. 바로 일본의 아사히야마동물원이다. 한때 관람객의 발길이
뚝 끊겨 문 닫을 처지에 놓였던 이 동물원은 사육사들이 머리를
맞대고 아이디어를 낸 덕분에 동물의 행동 특성을 고스란히 살
린 생동감 넘치는 곳으로 바뀌었다. 동물의 자연스러운 모습을
보려는 관람객이 전 세계에서 구름처럼 몰려들고 있다.

동물의 습성을 배려한 행동 전시

아사히야마동물원의 펭귄은 특히 유명하다. 북쪽에 위치해 겨울에 눈이 많이 오는 이 동물원에서는 사육사가 활동량이 부족한 펭귄을 눈밭에서 산책시키곤 하는데, 이 모습을 담은 영상이 인터넷에 퍼져 인기를 끌었다. '하늘을 나는 펭귄'도 유명하다. 아사히야마동물원은 펭귄이 헤엄치며 노는 물 아래에 유리 터널을 만들어 관람객이 지나다닐 수 있게 해 놓았다. 이 터널에서는 물속을 헤엄쳐 다니는 펭귄이 마치 머리 위로 날아다니는 것처럼 보인다. 이렇게 동물의 자연스러운 생태를 관찰하도록 구성한 전시를 '행동 전시'라고 한다.

오랑우탄의 동물사도 오랑우탄의 행동 특성을 살려 만들었다. 서식지에서 오랑우탄은 나무 타기 선수로 유명하다. 특별한 경우를 제외하고 대부분 나무 위에서 생활한다. 손가락 근육이 발달해 나뭇가지를 잘 잡을 수 있고, 4개의 긴 손가락은 엄지손가락의 도움 없이도 나뭇가지에 잘 매달리게 돕는다. 오랑우탄은 30~50미터 높이에 있는 나뭇가지를 붙잡고 이 나무에서 저 나무로 훌쩍훌쩍 뛰어다닌다. 아사히야마동물원은 오랑우탄의 이러한 행동 특성을 살려 동물사에 높은 기둥을 세우고 줄로 연결해 오랑우탄이 언제든지 줄을 탈 수 있게 만들어 놨다. 오랑우탄이 머리 위로 줄을 타고 다니는 광경을 보면 탄성이 절로 나온다. 행동 전시의 좋은 사례다. 이 외에도 아사히야마동물원은 높은 나뭇가지에 걸터앉아 쉬는 치타, 구름다리를 건너다니는 너구리판다 등 동물의 행동 특성을 고스란히 살려 동물과 관람객이 자연스럽게 교감할 수 있게 해놓았다.

홍학은 서식지에서 하룻밤 사이에 수백 킬로미터를 난다. 그러나 동물원의 홍학은 날지 못한다. 동물원에서 홍학의 한쪽 날개 끝을 살짝 잘라 균형을 잡지 못하게 만들기 때문이다. 아예 하늘로 날아오를 생각도 안 한다. 그런데 아사히야마동물원은 홍학의 날개 끝을 자르지 않는다. 대신 동물사의 천장을 그물망으로 덮어 날아가지 못하게 한다.

중국에 있는 대련동물원은 홍학의 날개를 자르지도 않고 천장을 그물망으로 씌우지도 않는다. 뻥 뚫린 채로 둔다. 그래도 홍학은 도망가지 않는다. 어떻게 한 걸까? 홍학은 활주로를 달리다가 하늘로 날아오르는 비행기처럼 도움닫기를 하다가 기류를 타고 날아오르는데, 대련동물원은 홍학이 노는 운동장 중간 중간에 나무를 심어 도움닫기를 못 하게 만들었다. 홍학이 날개를 펼쳤을 때 나뭇가지에 걸리도록 만든 것이다. 이처럼 홍학의 행동 특성을 파악해서 동물사를 꾸민 대련동물원에서는 홍학이 서식지에서처럼 자연스럽게 노는 모습을 볼 수 있다.

울타리를 대신하는 것들

야생에서 육상동물은 초원이든 숲속이든 울타리 없이 뻥 뚫린

곳에서 산다. 언제 어디든 자유롭게 다닐 수 있다. 그런데 동물원은 한정된 공간에 여러 종, 여러 마리를 기르기 때문에 어쩔 수 없이 울타리로 종을 나누고, 동물이 도망가지 못하게 막아 둔다. 울타리는 근연종끼리 짝짓기를 못 하게 해 잡종이 태어나지 않도록 막는다는 장점이 있지만, 동물에게든 관람객에게든 거슬리는 장치임은 분명하다.

눈에 거슬리는 울타리를 걷어 내고 방사장을 야생에 가까운 모습으로 연출하는 동물원도 있다. 가장 많이 쓰는 방법은 동물이 뛰어넘지 못할 만큼 넓고 깊은 도랑을 파는 것이다. 이는 카를 하겐베크 동물원장이 1907년 개장한 독일 하겐베크동물원에 처음 적용한 방법이다. 지금은 전 세계의 동물원에서 흔히 쓰인다. 기린, 코뿔소, 호랑이, 사자, 원숭이 등 다양한 종의 방사장에 이용되고 있다.

울타리 없이 자연스럽게 공간을 연출한 동물원으로는 디즈니랜드의 애니멀 킹덤이 가장 유명하다. 애니멀 킹덤은 마치 육식동물과 초식동물이 한 공간에 사는 것처럼 보이도록 만들어져 있다. 지극히 자연스러워 보이는 이 풍경은 사실 착시 효과를 이용한 것이다. 관람객과 가까운 쪽에는 초식동물을 두고, 먼 쪽에는 육식동물을 두었다. 중간에 도랑을 만들어 육식동물이 초식동물의 방사장으로 넘어가지 못하게 막았고, 관람객의 눈에 도랑이 보이지 않도록 키가 작은 나무와 풀을 심어 두었다. 전기가 흐르는 철책도 있는데, 넝쿨식물처럼 나무에 휘휘 감아 두었기 때문에 일반인은 알아보지 못한다.

네덜란드 로테르담동물원의 기린 사육장에는 굵직한 자갈과 사람 머리만 한 큰 돌이 넓게 깔려 있다. 기린처럼 발굽이 있는 동물은 이렇게만 해도 밖으로 나가지 못한다. 발굽 동물의 행동 특성을 동물사 인테리어에 반영한 사례다.

절대 바뀌지 않는 한 가지

로마동물원은 시민을 위한 휴식처의 개념으로 시작되었다. 그래서 동물원 안에 나무가 많고 동물의 수는 적다. 로마동물원은 생태 공원 형태로 운영되며, 진귀한 동물을 전시하거나 많은 동물을 키우는 데 목표를 두지 않고 멸종 위기 종 보호를 우선으로 한다.

세계적으로 유명한 샌디에이고동물원, 브롱크스동물원, 센트럴파크동물원 등은 초원처럼 넓은 곳에서 적은 수의 동물을 기른다. 과거의 동물원처럼 우글우글 여러 마리를 기르지 않는다. 나무와 풀이 우거져 있어 유심히 봐야 동물이 눈에 뜨일 정도다. 체코 프라하동물원의 기린 방사장은 초원처럼 숲에 둘러싸여 있다. 관람객을 멀찌감치 떨어뜨려 놔 기린이 사람에게 노출되는 것을 최소화했다.

오늘날의 동물원은 자연보호와 멸종 위기 종 보전에 관한 메시지를 끊임없이 전달한다. 대만의 타이페이동물원은 물의 중요

샌디에이고동물원은 초원처럼 넓은 곳에서 적은 수의 동물을 기른다.

성을 알리기 위해 지하에 빗물을 저장해 두었다가 청소하는 데 쓰고 화장실에서도 쓴다. 물의 중요성을 설명하는 안내판도 두고 교육 프로그램도 운영한다. 일본의 오사카동물원에도 물의 중요성을 알리는 전시물이 설치되어 있다. 호주 멜버른동물원에는 숲의 소중함을 알리는 전시물이 있다.

영국의 남쪽에 있는 저지동물원은 종 보전을 최우선으로 한다. 이 동물원을 만든 제럴드 더럴은 야생동물을 마구잡이로 포획해 동물원에 팔던 사람이었는데, 멸종 위기 종이 늘어나자 위기감을 느껴 1959년 저지동물원을 만들었다. 이 동물원은 멸종 위기 종을 번식시켜 야생에 방사하는 것을 목표로 한다. 1963년부터 저지야생동물보호협회가 맡아 운영하고 있다. 저지동물원에는 관람객에게 인기 있는 호랑이, 사자, 코끼리, 기린 같은 동물은 없고 소형 포유류와 파충류만 있다. 모두 자연에 복원할 후보다. 저지동물원은 동물원 고유의 기능을 살린 이상적인 동물원이다. 동물들의 생활공간은 앞으로도 계속 바뀌겠지만, 생물 다양성 보전이라는 동물원의 목표는 결코 바뀌지 않을 것이다.

어떤 행동이 동물을 괴롭게 할까?

동물원은 항상 사람들로 북적거린다. 추운 겨울에는 관람객의 발걸음이 뜸하지만, 봄과 가을에는 사람이 꼬리에 꼬리를 물고 밀려든다. 동물원 동물은 야생의 기질을 고스란히 가지고 있어 사람을 경계한다. 사람을 피해 온종일 숨어 지내거나 멀리 떠날 수도 없는 처지기에 더욱 곤두설 수밖에 없다. 동물들은 관람객이 전혀 반갑지 않을 것이다.

관람객은 동물이 활발하게 움직이는 걸 보고 싶어 한다. 쉬거나 먹이를 먹고 있는 동물에게 큰 소리를 쳐서 놀라게 하고 자신을 바라보게 만든다. 큰 소리에 익숙한 동물은 본체만체하지만 예민한 동물은 깜짝깜짝 놀란다. 구름처럼 밀려드는 사람들의 움직임을 살피는 것만으로도 신경이 쓰이는데 사람이 소리까지 질러 대면 곤욕이다. 특히 새끼를 낳아 신경이 예민해진 동물은 마음고생이 더 많다.

거울로 햇빛을 반사해 동물에게 비추는 사람도 있다. 동물의 반응을 보고 싶은 마음일 것이다. 하지만 사람도 누군가 얼굴에 빛을 비추면 불편하듯이 동물도 불편해한다. 놀라서 갑자기 도망가다가 울타리나 벽에 부딪혀 다칠 수도 있다.

동물에게 아무거나 주는 것

움직이는 모습을 보겠다며 동물에게 돌을 던지는 사람도 있다. 중학생, 고등학생, 성인 가릴 것 없다. 잘못된 행동이다. 예전보다 돌 던지는 사람이 줄긴 했지만 지금도 더러 있다. 당연한 말이지만 동물에게 돌을 던지면 동물이 다칠 수 있다. 원숭이나 코끼리는 사람이 던진 돌을 받아 사람에게 다시 던질 수도 있다. 원숭이는 손을 잘 쓰고, 코끼리는 코를 사람 손만큼 능숙하게 쓸 수 있어서 반격이 얼마든지 가능하다. 실제로 그렇게 반격한 사례도 있다. 동물에게 돌을 던지는 행동은 모두에게 위험하다.

물범, 물개 같은 해양동물은 뭘 주든 넙죽넙죽 받아먹는 습성이 있는데, 그 모습을 보려고 동전을 던지는 사람들도 있다. 2002년 서울대공원에서 죽은 잔점박이물범을 부검했는데 뱃속에서 동전이 무려 128개나 쏟아져 나온 일도 있었다. 물범의 장은 배배 꼬여 있었다. 재미로 던진 동전이 목숨을 잃게 한 것이다. 동전은 물도 오염시켜 동물의 건강을 해친다.

명절이 지나면 어김없이 배앓이를 하는 동물이 생긴다. 특히 사람에게 인기가 많은 원숭이들 중에서 많이 나오는데, 사람들이 전, 떡 등 각종 명절 음식을 싸 들고 와 동물한테 내밀어서 그렇다. 명절뿐만 아니라 평소에도 핫도그, 어묵 등을 가리지 않고 준다. 동물에게 맛있는 것을 주고 싶은 마음이 앞섰을 테지만 넙죽 받아먹은 동물은 배앓이를 할 위험이 크다.

동물의 식사와 간식은 동물 영양사에게 맡겨야 한다. 동물원에는 동물 영양사가 있고 종마다 표준화된 식단이 있어 영양을 고려해서 먹이를 준다. 어느 계절에나 배고프지 않게 한다. 동물 영양사를 믿고 맡겨야 한다. 관람객이 동물에게 주는 먹이는 위생적이지 않을 가능성도 크다. 먹이를 집은 손을 통해 미생물이 옮겨올 수 있기 때문이다. 어떤 것도 주면 안 된다.

동물을 만지는 것

부모는 자녀에게 특이한 경험을 시켜 주고 싶어 한다. 그중 하나가 동물 만지기다. 아이들이 무서워하며 주저해도 부모는 고집을 꺾지 않는다. 캥거루, 사슴 등 순해 보이는 동물이 부모가 주로 노리는 대상이다. 그런데 겉으로는 만만하게 보일지 몰라도 모두 야생동물이기 때문에 위험하다. 울타리 안으로 손만 내밀어도 동물은 자기를 해치는 것으로 여겨 머리로 받거나 이빨로 물어뜯을 수 있다. 동물원 동물은 만지면 안 된다.

　앵무새, 토끼 등 작은 동물과 가축을 모아 놓고 만지게 하는 동물원도 있다. 가축은 수천 년 전부터 사람 손에 커서 사람과 접촉해도 야생동물보다 스트레스를 덜 받는다. 그래도 수많은 사람이 함부로 만지면 스트레스를 받는다. 아이들이 토끼를 온종일 만지고 가면 그다음 날 어김없이 한두 마리는 죽는다. 사람이 아무리 살살 만져도 토끼 입장에서는 압박당하는 느낌을 받아 고통스러울 것이다. 동물원은 자녀에게 동물 보호의 중요성을 배우게 하는 곳이다. 동물을 만지게 할 것이 아니라 생명의 소중함을 깨닫게 해야 한다.

시끄러운 소리를 내는 것

동물의 청력은 뛰어나다. 사람보다 몇 십 배 예민하다. 그도 그럴 것이 초식동물은 육식동물에게 잡아먹히지 않도록 늘 주위를 살펴야 하고 육식동물은 먹잇감이 어디에 있는지 살펴야 하니 청력이 좋을 수밖에 없다. 초식동물은 사람과 달리 좌우의 귀를 따로 움직인다. 소리가 어디에서 들려오는지 정확한 위치를 알아채기 위해서다. 조그맣게 바스락거리는 소리만 나도 어느 방향에서 들려오는 소리인지 안다. 오랜 경험으로 누가 내는 소리인지도 안다.

　귀가 예민한 동물은 박수 소리, 울타리 두드리는 소리, 특히 유리창 두드리는 소리에 민감하다. 몇 년 전부터 동물원 울타리 소재로 유리가 많이 사용된다. 동물이 훤히 보이기 때문이다. 어떤 사람들은 동물의 반응을 보려고 유리창을 두드리는데, 날카롭게 울리는 그 소리 때문에 많은 동물이 놀란다. 모든 소리를 꼼짝없이 들어야 하는 동물에게는 고통스러운 일이다.

쓰레기를 아무 데나 버리는 것

동물원 곳곳에는 쓰레기통이 있는데도 쓰레기를 아무 데나 버리는 사람들이 있다. 청소하는 직원이 매일 아침 치우지만 과자 봉지, 비닐봉지처럼 바람에 날아다니는 것은 미처 치우지 못하는 경우가 많아 동물원에 쌓이곤 한다.

동물이 다니는 통로에 쌓인 비닐은 동물에게 직접적인 피해를 준다. 첫째, 동물이 비닐을 먹을 수 있다. 둘째, 갑자기 바람에 날아오르는 비닐을 보고 동물이 놀랄 수 있다. 동물은 대부분 낮에 방사장에서 놀고 밤에 내실로 이동한다. 동물만 다니는 길로 이동하기 때문에 동물에게 이 통로는 익숙하다. 그런 곳에 낯선 물체가 있으면 놀랄 수밖에 없다. 멈칫멈칫할 뿐만 아니라 내실로 들어가지 않으려고 버틸 수도 있다. 큰 비닐일수록 더 놀란다.

반려동물을 데리고 가거나 유기하는 것

동물원에 있는 모든 동물은 주기적으로 건강검진을 받고 아프면 치료를 받는다. 다른 동물원에서 동물을 들여올 때도 반드시 검사를 한다. 한마디로 동물원에는 건강한 동물만 있다.

집에서 기르던 토끼나 병아리를 동물원에 놓고 가는 사람들이 있다. 그 동물이 질병에 감염되었을 경우 동물원 동물에게 병이 퍼질 수 있어 매우 위험하다. 동물을 기증하고 싶다면 먼저 동물원에 문의하고 절차를 따라야 한다. 그래야 동물원 동물을 질병으로부터 안전하게 보호할 수 있다.

관람객이 질병을 전파하는 매개체 역할을 하기도 한다. 조류 인플루엔자나 구제역이 발병한 지역을 방문했거나 관련된 사람과 접촉했다면 2~3주 동안은 동물원에 가지 말아야 한다. 동물 사육과 관련된 분야에 종사하는 사람은 동물 질병이 발생한 국가를 여행한 경우 입국할 때 반드시 방역을 해야 한다. 방역은 법으로 정해져 있기 때문에 위반하면 처벌받는다. 질병이 국내로 전파되는 것을 막기 위해서다. 질병 전파는 동물의 생명과 직결된 문제이기 때문에 특히 주의해야 한다.

같은 이유로 동물원에는 반려동물을 데리고 갈 수 없다. 서울대공원, 서울어린이대공원, 인천대공원 등의 동물원 옆에는 공원이 있다. 법적으로 목줄을 맨 반려견은 공원에서 산책시킬 수 있지만, 가능하면 동물원 옆 공원에는 데려가지 않는 것이 좋다.

휴일을 겪고 난 다음 날이면 많은 동물이 입맛을 잃고 밥을 남긴다. 이러한 현상은 주위 환경에 예민한 조류에게서 특히 심하게 나타난다. 동물원에 가면 쉬는 동물을 방해하지 말고 조용히 바라만 봐야 한다. 동물원을 산책하듯 둘러보면서 생물 다양성의 가치를 느끼고 자연과 동물을 보호하기 위해 개인이 할 수 있는 일을 찾아 실천하려는 마음을 가졌으면 한다.

교육에는 학교 교육과 같은 정규 과정이 있고, 학원 교육과 같은 비정규 과정이 있다. 비정규 교육은 배우려는 사람이 자발적으로 선택하는 공부다. 동물원에서는 동물과 생태에 관해 배우고 싶어 하는 사람들을 위해 비정규 교육 프로그램을 개설해 운영하고 있다. 프로그램에 참여하는 연령층은 유치원생부터 성인까지 다양하지만 대부분 어린이를 대상으로 한다.

교육 프로그램은 주말이나 방학에 개설된다. 꽃과 나비, 동물의 번식 등 계절과 관련된 프로그램은 주말에, 코끼리, 호랑이, 육식동물, 초식동물 등 계절과 관계없는 프로그램은 방학 때 개설된다. 교육은 대부분 동물원에서 진행되는데, 철새 관찰과 같은 프로그램은 서식지에서 이뤄지기도 한다.

동물원에 방문한 불특정 다수를 대상으로 멸종 위기 종에 관한 캠페인을 열기도 한다. 캠페인은 동물원 사정에 따라 1년에 1~4회씩 펼쳐진다.

동물원 곳곳에 생태 정보가 담긴 안내 게시판을 설치하는 것도 교육의 하나다. 게시판은 길을 안내하고 동물을 소개하는 동시에 자연보호 의식을 싹트게 한다. 게시판의 내용은 교육 담당 직원, 큐레이터 또는 사육사가 작성한다.

교육의 효과를 높이기 위해 자료집을 만들기도 한다. 자료집의 내용은 교육 프로그램마다 다르다. 대부분 교육 담당 직원이 작성한 뒤 제작업체에 의뢰해서 만든다.

불과 몇 년 전까지만 해도 사람들은 동물원에서 생태 교육을 받고 나면 '동물 공부 잘했다' 하며 뿌듯해했다. 동물원이 '동물이 있는 공원'으로 운영되었기에 교육 내용도 동물에 관한 정보가 주를 이룬 것이다. 그러나 동물원의 역할이 종 보전으로 바뀌면서 교육의 성격도 확 바뀌었다. 오늘날 동물원 교육의 목적은 동물에 관한 정보를 제공하는 것이 아니라 자연보호를 실천하게 만드는 것이다. 물론 교육 내내 종 보전만 말하지는 않는다. 재미있는 동물의 세계를 이야기하며 자연보호에 관한 메시지를 전한다.

동물원에 따라 자원봉사자나 동물 해설사가 생태 교육을 담당하기도 한다. 이들은 동물원의 정식 직원은 아니지만 일정한 교육과정을 거쳐 시험을 통과한 사람들이다. 동물원 생태 교육 교사는 동물을 좋아하고 가르치는 걸 좋아하는 사람에게 추천하는 직업이다. 동물원 외에 동물보호단체, 구청 등에서도 생태 교육이 이뤄지고 있으니 직장도 다양하다. 생태 교육에 관심을 두고 공부하다가 마음이 바뀌면 생물이나 과학 교사가 되는 것도 좋다. 더 공부해서 대학교 교수가 될 수도 있다.

동물원 교육 담당 직원이 되려면 교육학과, 생물학과 또는 동물자원학과^{축산과}에서 공부하면 된다. 야생동물학이나 생태학을 전공한 교수가 있는 학과에서 공부를 해도 된다. 동물원 생태 교육은 주로 어린이를 대상으로 이뤄지므로 유아교육학을 공부해도 좋다.

현대에 들어 동물과 관련된 직업이 다양해졌다. 동물 관련 작가, 화가, 사진가 등 예술가도 등장했다. 동물의 습성과 생태계를 이해하고 섬세하게 표현해 내는 사람들이다. 다양한 분야에서 활약할 수 있다.

동물 전문가로서 자연 다큐멘터리 작가가 되면 어떨까? 신비한 자연의 세계를 소개하는 것만으로도 흥미를 끄는 자연 다큐멘터리를 동물 전문가가 만들어 낸다면 더 감동적으로 시청자의 마음을 끌어당길 수 있을 것이다.

소설가도 마찬가지다. 우리나라에 동물 전문가이면서 소설가인 사람은 아직 없다. 그러나 동물이 주인공인 작품이 인기를 끈 경우는 매우 많다. 프랑스의 작가 베르나르 베르베르의 《개미》1993는 수많은 언어로 번역된 세계적인 베스트셀러다. 베르베르는 어릴 때부터 개미를 유심히 관찰했고, 성인이 된 뒤에는 아프리카에 가서 개미를 연구하기도 했다. 개미 전문가인 셈이다. 작가를 꿈꾸는 학생이라면 동물을 깊이 있게 연구하고 폭넓은 지식을 쌓아 이를 소재로 글을 쓰는 것도 고려할 만하다.

박제 예술가도 있다. 외국에는 미술대학을 나와 자연사박물관에 취직해 박제사로 일하는 경우가 종종 있다. 우리나라에는 박제사 자격을 취득할 수 있는 제도가 있는데, 실질적으로 자격증을 딴 사람은 손에 꼽을 정도로 적다. 박제 기술을 가르치는 학원이나 학교는 없다. 박제 업무를 하는 생물자원관, 동물원 또는 박물관에서 박제사에게 일대일로 배워야 한다.

동물 전문, 자연 전문 사진작가도 활동할 수 있는 영역이 넓은 직업이다. 책, 잡지 등 이용되는 곳이 많은데도 불구하고 아직까지는 동물 전문 사진작가가 적다. 꽃, 곤충의 날개, 새의 깃털 등 자연의 모양과 색깔을 전문적으로 연구하는 디자이너도 있다. 디자이너를 꿈꾸는 학생이라면 자연의 형태를 연구하는 것도 큰 도움이 될 것이다.

동물 관련 예술가가 되는 데 학과 제한은 없다. 다만 자신이 원하는 분야의 전문 지식을 최대한 쌓아야 한다.

4장

동물원도
진화한다

동물원의 궁극적인 목표는 종 보전이다.
그렇다면 모든 종이 멸종 위기를 벗어나면
동물원이 없어질까?

사라진 동물을 복원하는 방법

우리나라는 여러 기관에서 자연보호와 멸종 위기 종 보전을 위해 노력하고 있다. 동물원, 환경부, 국립생태원, 국립공원, 국립생물자원관, 국립산림과학원, 국립수목원 등이다. 생물 다양성 보전을 위해 정책을 만들고 규제하며 현장에 적용하고 있다.

야생에서 완전히 사라진 종을 복원할 때는 외국에 서식하던 동물을 데려오기도 한다. 복원할 원종을 들여올 때는 반드시 유전자 검사를 한다. 우리나라에 서식했던 종인지 확인해야 하기 때문이다. 사라진 종을 복원할 때는 반드시 그 장소에 서식한 적 있는 종을 복원해 방사해야 한다. 꿩 대신 닭이라는 식으로 근연종을 방사하면 안 된다. 자연환경에 적응하지 못하고 죽을 가능성이 높다. 예를 들어 우리나라의 야생에서 사라진 레드울프를 복원한다며 우리나라에 서식한 적도 없는 회색늑대를 들여와 방사해서는 안 된다는 말이다.

조류의 경우 활동 반경이 넓어 한반도에 서식하는 종은 가까운 중국이나 몽골에도 서식할 가능성이 높다. 포유류도 마찬가지다. 포유류 각 개체의 활동 반경은 한반도만큼 넓지 않아도 개체마다 차지하는 영역이 있기 때문에 전체적인 분포는 넓다. 한때 우리나라 야생에는 여우가 멸종됐었는데, 중국에서 같은 종을 들여와 동물원에서 길렀다. 그리고 번식시켜 새끼 여우 4마리를 종복원기술원으로 보냈다.

종 복원에 앞장서고 있는 곳들

환경부는 멸종 위기에 처한 동식물을 보호하기 위해 서식지 외 보전 기관을 지정했다. 일부 동물원, 식물원, 수목원 등이다. 이 기관들은 멸종 위기 종을 증식 또는 복원한다. 기관마다 보호해야 하는 종은 다르다. 업무에 필요한 예산은 환경부에서 보조한다.

야생동물구조센터는 야생동물을 보호한다. 조난되었거나 어미를 잃어 생존이 어렵거나 다친 개체를 구조해 돌본다. 완치된 개체는 방사하는 것이 원칙이지만 어린 개체는 혼자 살 수 있을 때까지 키운다. 다만 자연에서 살 수 없을 정도로 약한 개체는 완치되어도 계속 돌보고, 번식을 위해 국내 동물원으로 보낸다.

국립공원도 멸종 위기 종 보전에 앞장서고 있다. 2006년에는 산양 복원 팀을 만들어 월악산에 산양을 방사했다. 이후 개체 수가 증가한 산양은 백두대간을 따라 퍼져 나갔다. 지금은 설악산을 비롯해 여러 곳에서 서식하고 있다. 국립공원에서는 2005년 흑산도 철새연구센터현재 조류연구센터를 설립하기도 했다. 철새 서식지를 보호하기 위해서다. 또 2012년에는 여우 복원 팀을 발족하고 2013년에는 소백산에 여우를 방사해 복원 사업을 진행했다.

1996년 한국교원대학교는 황새복원센터현재 황새생태연구원를 만들었다. 황새는 우리나라 전역에서 번식하는 여름새였는데, 충청북도 음성군에서 1971년 4월 밀렵꾼이 쏜 총에 황새 수컷이 죽은 뒤 야생에서 거의 자취를 감췄다. 겨울에만 극소수로 도래하는 희귀한 나그네새이자 겨울새가 된 것이다. 황새복원센터에서는 황새를 1996년 러시아와 1999년 일본에서 도입해 2002년 처음으로 인공 번식에 성공했다. 이후 계속해서 개체 수를 늘렸다. 2007년에는 충청북도 청원군 미원면에 황새를 방사하기도 했다. 충청남도 예산군에도 황새복원센터를 만들어 황새 보존을 위해 노력 중이다.

황새는 강 하구, 논, 저수지 등에 살면서 개구리, 작은 물고기, 미꾸라지, 도마뱀, 들쥐나 뱀 등을 먹고 사는 멸종 위기 종이다. 날개를 폈을 때 폭이 1미터 내외로, 대형 조류에 속한다. 날개가 작은 참새나 박새는 한 동네 안에서 날아다니지만, 황새는 긴 날개로 먼 거리를 쉽게 이동한다. 몇 넌 전 일본에서 방사한 황새가 우리나라에서 발견되었을 정도로 이동 거리가 길다. 황새는 영역을 정해 놓고 사는 포유류와 달리 먹이가 많고 환경이 좋은 곳을 찾아 날아다닌다. 복원 사업을 통해 방사된 황새는 한반도 전역을 날아다니며 살아갈 것이다.

지방자치단체도 복원 사업을 펼친다. 전라북도 장수군에서는 사향노루와 대륙사슴 복원을, 강원도 인제군에서도 대륙사슴 복원을 준비하고 있다. 경상남도 창녕군에 있는 우포따오기복원센터는 따오기 복원 사업을 펼치고 있다. 따오기는 1970년 무렵 우리나라 야생에서 자취를 감추었다. 다행히 같은 종이 일본, 중국, 러시아에 서식하고 있었고, 2008년 중국으로부터 외교적 답례로 암수 두 마리를 받았다. 이렇게 들여온 두 따오기가 알을 낳고 새끼를 기르면서 개체 수가 늘어 따오기 복원의 씨앗이 되었다. 번식시킨 따오기는 2019년 5월 창녕 우포늪 일대에 방사했다. 이제 자연에서 자유롭게 노는 따오기를 볼 수 있을 것이다.

강원도 화천군은 2004년 한국수달연구센터를 설립했다. 주로 하는 일은 서식지에서 개체 수가 줄고 있는 수달을 보호하고 연구하는 것이다. 일반인에게 생태 교육도 한다. 새끼가 태어나면 동물원으로 보내 번식시켜 서식지에 방사하거나 생태 교육을 위해 공개한다.

몽골야생말을 복원한 동물원

해외에는 야생에서 완전히 사라진 종을 복원한 사례도 있다. 몽골야생말이 대표적이다. 몽골야생말은 1968년 야생에서 사라졌다. 야생종인 프셰발스키Equus ferus przewalskii, 몽골에서는 타키(Takhi)라고 부른다와 가축화된 말Equus caballus이 잡종이 되면서 야생종이 사라진 것으로 추정된다. 사람들이 야생말을 닥치는 대로 잡아먹은 것도, 몽골의 혹독한 추위도 멸종을 부채질했을 것이다.

그런데 다행히 유럽의 동물원에 54마리의 몽골야생말이 있었다. 네덜란드의 동물원을 중심으로 유럽과 미국의 동물원들이 힘을 합쳐 1980년 번식 특별 프로그램을 가동했고, 순수 혈통인 개체를 얻었다. 복원 프로젝트는 순조롭게 진행되어 1992년 몽골 후스타이국립공원에 15마리를 방사했고, 2000년까지 84마리를 방사했다. 덕분에 후스타이국립공원에서는 야생에서 뛰노는 몽골야생말을 볼 수 있게 되었다. 공원이 워낙 넓어 가까이에서 볼 수는 없지만 2~5마리씩 무리를 지어 사는 모습은 볼 수 있다. 2016년 자료에 따르면 총 350여 마리가 서식하고 있다.

유럽인이 처음 북아메리카 중앙의 대초원에 정착했을 때는 들소가 6,000여 만 마리나 있었다. 고기와 가죽을 얻으려는 사람들에게 매년 30만 마리씩 희생되었지만 개체 수가 워낙 많아 1830년대까지는 그럭저럭 유지되었다. 그런데 사람들이 한 해에 200만 마리씩 잡아들이자 개체 수가 눈에 띄게 줄기 시작했다.

1871년 들소 가죽으로 물건을 만들기 시작하면서부터는 한 해에 300만 마리씩 죽어 나갔고, 1890년대에 들어 멸종 위기에 놓였다. 들소를 보호하자는 목소리가 높아졌고, 1864년 미국 아이다호주를 시작으로 들소 보호를 위한 법안이 곳곳에서 통과되었다. 1905년 미국 들소보호협회가 만들어지면서 들소 복원이 본격화되었고, 뉴욕동물원에서 15마리의 들소를 위치토산림보호구역에 방사하며 들소 복원의 첫 발을 내디뎠다. 덕분에 들소는 멸종 위기에서 벗어났다.

소과 포유류 아라비아오릭스는 1972년 야생에서 사라졌다. 다행히 동물원에 9마리가 있었고, 1982년 복원 프로젝트를 시작해 번식시키고 방사했다. 2009년에는 5개 지역에 방사할 정도로 개체 수가 늘었다. 심지어 2013년 국제자연보전연맹 적색목록에는 취약 단계로 올랐다. 야생에서 사라졌던 종인데 취약 단계로 등록될 만큼 개체 수가 늘어난 것이다.

이 외에도 스페인스라소니, 늑대, 검은발족제비 등 동물원의 노력으로 멸종 위기를 극복한 사례는 많다. 동물원은 멸종 위기종 복원뿐만 아니라 서식지를 보호하는 일도 꾸준히 하고 있다. 미국의 샌디에이고동물원에서는 인도네시아 코모도섬에 서식하는 코모도드래곤을 연구하며 서식지 보호 활동도 펼치고 있다.

어떤 종을 복원하면 생태계에 변화가 생긴다. 미국의 옐로스톤국립공원에서는 늑대가 절멸한 이후 코요테와 같은 중소형 포식

아라비아오릭스는 야생에서 사라졌다가 복원되었다. 2013년에는 국제자연보전연맹 적색목록에 취약 단계로 올랐다.

자가 급증했고, 가지뿔영양처럼 이들의 먹이가 되는 종의 개체 수는 감소했다. 덩치가 커서 코요테에게 잘 잡아먹히지 않는 엘크는 급증했고, 엘크의 먹이인 사시나무류와 미루나무류는 큰 피해를 입었다. 결국 초지가 망가지고 식생이 파괴되면서 지반이 침식되었다. 그런데 늑대를 복원하자 생태계가 바뀌었다. 엘크 개체 수가 줄면서 사시나무류와 미루나무류가 늘었다. 조류 서식처가 안정화되자 조류의 개체 수도 늘었다. 소형 포유류, 비버, 무스 등에게 중요한 식생이 증가해 옐로스톤국립공원의 생태계가 바뀌었다.

종 복원만큼 중요한 서식지 보호

멸종 위기에 처한 종은 적은 수일지라도 어딘가에 산다. 이들이 잘살 수 있게 서식지를 관리하는 것도 멸종 위기를 극복하는 방법이다. 서식지의 먹이 자원이 안정화되면 자연스럽게 근처에 살던 개체가 서서히 옮겨 온다. 개체 수가 한꺼번에 느는 것이 아니니 먹이가 되는 종도 싹쓸이되지 않고 생태계도 안정적으로 유지된다. 이 전략은 효과가 금방 나타나지 않아 사회적으로 주목받지 못한다는 단점이 있다. 그래서 더욱 정부 기관에서 주도적으로 밀고 나가야 한다. 그러려고 만든 곳이 국립생태원의 멸종위기종복원센터다.

우리나라는 아직까지 종 복원을 우선시한다. 하지만 종 보전

못지않게 서식지 보전도 중요하다. 먹이사슬 아래쪽에 있는 종의 개체 수가 늘면 위쪽에 있는 종의 개체 수는 저절로 증가한다. 소생물 서식 환경을 조성한 뒤 양서류, 파충류와 곤충의 개체 수 증가를 꾀해야 한다. 이렇게 오랜 시간 지속하면 생태계가 안정되어 자연스럽게 개체 수가 증가한다.

종 복원만 해서는 안 되는 이유가 또 있다. 멸종 위기 식물인 깽깽이풀을 복원하려면 짱구개미가 서식하는 환경을 만들어야 한다. 짱구개미가 깽깽이풀의 씨앗을 옮기기 때문에 대를 이으려면 반드시 함께 있어야 한다. 꼬리명주나비와 사향제비나비의 애벌레는 쥐방울덩굴의 잎을 먹고 산다. 나비 애벌레의 생존은 모든 식물과 연관이 있다. 식물마다 짝꿍인 곤충이 따로 있을 정도다. 복원 계획을 세울 때는 이 점을 고려해야 한다. 서식지 보호 사업은 현재 멸종위기종복원센터에서 준비하고 있다.

미래의 동물원은 어떻게 달라질까?

동물원의 궁극적인 목표는 종 보전이다. 그렇다면 멸종 위기에 처한 종이 모두 위기 상황을 벗어나면 동물원이 없어질까? 이론상으로는 그렇지만 실제로 멸종 위기를 완전히 극복하기란 쉽지 않다. 오히려 악화될 가능성이 크다. 도시가 팽창하고 인구가 증가하면서 동물의 서식지가 계속 파괴되고 있기 때문이다. 하천과 갯벌도 심각한 수준으로 망가졌다. 지구 온난화도 극복하기 어려워 보인다. 기후변화에 적응하지 못하는 종은 계속해서 사라질 것이다. 그나마 멸종 속도를 늦추려면 동물원을 존속시킬 수밖에 없다. 물론 자연환경이 달라지는 만큼 동물원도 달라져야 한다. 미래의 동물원은 어떻게 변할까?

동물원 운영 방식의 변화

동물원의 생태 교육은 종 보전에 중요한 역할을 한다. 앞으로 생태 교육은 왜 멸종 위기 종이 생겼고 멸종 위기를 극복할 방법은 무엇인지, 자연을 보호하기 위해 개인은 무엇을 해야 하는지 더 자세하게 알려 주는 방향으로 나아갈 것이다. 주제에 따라 서식지에서 교육을 진행할 수도 있다. 지금도 몇몇 동물원은 이런 방향으로 교육하고 있지만, 미래에는 더욱 발전할 것이다.

지방자치단체의 동물원은 통합 관리될 것이다. 국가 예산으로 운영되는 같은 목적의 단체들인데도 지금은 동물원끼리 교류가 잘되지 않는다. 그러다 보니 동물 교환도 수월하지 않고, 직원 교류는 아예 막혀 있다. 전주동물원 직원은 서울대공원에서 일할 수 없다는 뜻이다. 동물원을 통합 관리하면 동물 교환과 직원 교류를 자유롭게 할 수 있다. 국가 예산도 효율적으로 쓸 수 있고, 업무 성과도 높일 수 있다. 국립 동물원으로 만들어 환경부에서 관리하든 동물원협회 같은 조직을 법인으로 세우든, 운영 주체는 바뀔 것이다.

일본에서는 1948년 도쿄동물원협회라는 재단법인을 설립해서 현재 5개 동물원과 수족관을 통합, 위탁 운영하고 있다. 우에노동물원1882년 박물관 형태로 개원, 오오시마공원동물원1935년 개원, 이노카시라자연문화원1942년 개원, 타마동물원1958년 개원, 카사이린카이수족관1989년 개원이다. 정부와 지방자치단체로부터 지원받은 예산과 시민의 기부금, 수익 사업으로 얻는 자본으로 동물원을 운영하고 있다.

미국과 유럽의 경우 협회에서 운영하는 동물원도 있다. 로스앤젤레스동물원은 야생동물보호협회가 로스앤젤레스시에서 위탁받아 운영하고, 런던동물원과 휩스네이드동물원은 런던동물원협회에서 운영한다. 독일 프랑크푸르트동물원은 프랑크푸르트동물협회에서 운영하고 있다.

동물원에 동물이 없다면

멸종 위기 종은 다양한 형태로 사육되고 있다. 동물을 우리에 가두지 않고 야생에서 보호하는 생크추어리sanctuary도 있다. 야생동물의 서식지를 만들어 보호하는 방식으로, 보전이 목적이기 때문에 관계자 외에는 출입이 제한된다. 생크추어리에서 태어난 새끼는 서식지에 방사하거나 동물원 또는 보전기관으로 보낸다. 일본 교토에는 구마모토 침팬지 생크추어리가 있다.

나라에서 보호 구역을 지정하기도 한다. 미국의 엘로스톤국립공원에도 보호 구역이 있다. 앞으로는 우리나라에도 생크추어리나 야생동물 보호 구역이 생길 것이다. 자연에 기여하는 효과는 동물원보다 생크추어리가 더 크다. 생크추어리에서 태어난 새끼는 동물원에서 태어난 새끼와 다르게 젖을 떼고 나면 어미의 영역을 벗어나 독립한다. 일부는 보호 구역 밖으로 이동하기도 한다. 이것이 오랜 기간 반복되면 멸종 위기를 극복할 수 있다.

　야생동물은 서식지에서 제 수명까지 사는 경우가 드물다. 대부분 천적에게 잡아먹히거나 병에 걸려 죽는다. 도로를 건너가다 자동차에 치여 죽기도 한다. 동물원의 동물은 천적에게 잡아먹히지 않지만 서열 다툼을 하다가 다치거나 죽기도 한다. 그리고 이렇게 죽은 동물의 일부는 박제된다. 미래에도 박제는 계속될 것이다. 박제로 이뤄진 동물원을 상상하는 사람들도 있지만 박제를 전시한 공간은 아무리 많은 작품이 모여 있다 해도 박물관밖에 되지 않는다. 종 보전의 기능은 하지 못한다.

　미래의 동물원은 서식지 보전 못지않게 생식세포 또는 체세포 저장도 활발하게 할 것이다. 생식세포는 정자와 난자로, 죽은 개체에서 또는 살아 있는 개체를 마취해서 추출한다. 채취한 생식세포를 영하 196도에 저장해 두면 50년, 100년 뒤에도 인공수정할 때 쓸 수 있고, 궁극적으로 근친 번식을 막아 유전적 다양성을 높일 수 있다. 해외에서 동물 대신 생식세포를 들여오면 구입 비용과 운송 경비도 줄일 수 있다.

　미국 샌디에이고동물원은 보전 프로그램인 냉동 동물원Frozen Zoo을 운영하며 1976년부터 야생동물의 생식세포를 추출해 보관하고 있다. 800여 종의 동물로부터 8,500여 개의 샘플을 확보한 것으로 알려져 있다. 동물원에 있는 동물을 통째로 냉동 창고에 넣은 셈이다.

저장된 체세포는 동물 복제에 이용된다. 지금은 남아메리카에 서식하는 멸종 위기 종인 재규어, 스페인스라소니 등의 체세포가 보관되어 있다. 생식세포 저장소는 '생식세포 은행'으로, 체세포 저장소는 '체세포 은행'으로 불리기도 한다. 생식세포, 체세포 저장은 세계적으로 확대될 가능성이 크다. 우리나라의 서울대공원에서도 추진하고 있다.

일본에는 동물이 없는 영상 동물원이 있다. 한 자리에 편히 앉아서 영상으로 동물을 만난다는 장점이 있지만 영상 동물원도 박제 전시와 마찬가지로 동물원의 기능을 다하지는 못한다. 첨단 영상 기술을 활용해 교육 효과를 높일 수는 있지만 종 보전의 기능은 할 수 없기 때문이다. 영상 동물원은 요즘 우리나라에 유행하고 있는 실내 동물원처럼 동물원이라는 이름을 빌린 사업일 뿐이다.

어떤 종부터 보전해야 할까?

한 번에 모든 멸종 위기 종을 관리할 수는 없다. 그렇다면 어떤 기준으로 선택해야 할까? 고유종을 최우선으로 돌봐야 한다. 세계적으로 멸종 위기에 처한 고릴라는 우리나라에서 보전해야 하는 최우선 종이 아니다. 고릴라가 서식하는 나라에서 전략적으로 보전 활동을 하고 있기 때문이다. 우리는 우리나라의 고유종 보전을 우선으로 해야 한다.

기후변화, 무분별한 벌목과 같은 환경의 변화로 멸종 위기에 처한 생물이 늘어날수록 고유종의 중요성이 더 부각될 것이다. 결국 동물원은 사회적 요구에 따라 토종 동물을 보전하는 방향으로 발전할 것이다.

자연을 보호하고 싶다면

세계보건기구WHO, World Health Organization는 오래전부터 기후변화가 인류의 생명을 위협하고 있다고 강력하게 경고했다. 기후변화를 일으키는 지구 온난화는 온실가스인 이산화탄소, 프레온, 메탄, 이산화질소 등이 대기 중에 지나치게 많이 배출되어 발생한다. 온실가스의 주범은 화석연료로, 전 세계에서 소비되는 연료의 96퍼센트 정도를 차지한다. 20세기에 들어 전 세계 인구가 폭발적으로 증가하면서 화석연료의 사용이 급증해 이산화탄소의 양이 30퍼센트나 증가했다. 우리나라의 이산화탄소 연간 배출량은 약 6억 9,010만 톤이다.

인류가 화석연료를 흥청망청 써댄 탓에 지난 150년 동안 지구 평균기온이 1도 상승했고, 2100년까지 3~5도 상승할 것으로 예측된다. 세계 곳곳에서 가뭄, 집중호우, 해수면 상승, 혹한과 폭설이 심심치 않게 나타나고 있고, 빙하가 녹아 해수면이 상승하고 있다. 사막화도 빠르게 진행되고 있다. 생태계가 바뀌고 있는 것이다. 생물 다양성에 악영향을 끼치는 것은 물론 인간의 삶까지 위협하고 있다.

온실가스 발생을 억제해야 온난화를 막거나 늦출 수 있다. 화석연료를 아예 안 쓸 수는 없지만 가능하면 적게 써야 한다. 국가에서 법적으로 사용량을 규제하고 있지만 개인적인 실천도 중요하다. 자가용 대신 대중교통 이용하기, 일회용품 안 쓰기, 전기 절약하기, 물 아껴 쓰기, 나무 심기 등은 개인이 할 수 있는 일이다.

숲 없이 살 수 있는 존재는 없다

숲은 인간이 생존하는 데 반드시 필요하다. 식물은 광합성을 하면서 온난화의 주범인 이산화탄소를 먹어 치우고 고맙게도 산소를 내뿜는다. 산소 없이 살 수 없는 인간에게 너무나 고마운 존재다. 수많은 곤충, 새와 동물도 숲에 기대 산다. 숲에서 먹이를 얻고, 잠을 자고, 새끼를 낳는다. 곤충은 나무에 핀 꽃에서 꿀을 얻고 잎에 알을 낳는다. 알에서 깨어난 애벌레는 잎을 갉아서 먹기도 하고 돌돌 말린 잎 속에서 살기도 한다. 사슴벌레처럼 애벌레로 긴 겨울을 나야 하는 곤충은 죽은 나무에 알을 낳는다. 고목에 구멍을 뚫고 들어앉아 추위를 견딘다. 호랑나비는 산초나무, 초피나무, 팽나무, 탱자나무, 귤나무에 알을 낳고, 사향제비나비는 쥐방울덩굴에 알을 낳는다. 사슴벌레는 참나무류에서 나오는 진액을 빨아먹고 산다. 숲을 가꾸는 일은 동물을 보호하는 것과 같다.

나무와 숲이 없으면 못 사는 동물이 또 있다. 산새다. 새들은 나무에 둥지를 짓고 숲에서 먹이를 구한다. 나무 열매, 풀씨, 곤충으로 가득한 숲은 새들의 먹이 창고다. 숲이 농토나 주택지로 바뀌어 나무가 사라지면 새들은 갈 곳을 잃는다. 가장 먼저 피해를 보는 건 딱따구리다. 딱따구리는 부리로 고목을 콕콕 쪼아서 애벌레를 잡아먹는다. 부리로 노크하듯 나무를 두들길 때 느껴지는 진동만으로 먹이가 있는지 없는지 안다. 나무속의 먹이만 먹다 보니 그렇게 진화한 것이다. 나무 없이는 못 산다는 뜻이기도 하다.

원앙은 강이나 저수지의 물 위에서 잠을 자고 먹이를 잡아먹으며 생활한다. 그리고 번식기에는 딱따구리가 만들어 놓은 나무 구멍에 둥지를 틀어 알을 낳는다. 알에서 깨어난 새끼가 커서 헤엄을 칠 정도로 성장하면 둥지를 떠나 저수지나 강으로 간다. 물새인 원앙에게도 반드시 나무가 필요한 것이다. 산새는 말할 것도 없다. 나뭇가지나 풀덤불에 둥지를 짓고 숲에서 먹이를 구하는 산새는 숲을 떠나서 살 수 없다.

가을이 되면 다람쥐는 도토리와 알밤을 굴로 물어 나른다. 겨울에 먹을 식량이다. 그런데 숨겨 놓고 나중에 찾지 못하거나 집으로 가져가는 도중에 흘려 열매들이 땅에 남는 경우가 있다. 그러면 다음 해 봄에 그 자리에서 싹튼다. 다람쥐가 씨앗을 퍼트려 준 셈이다. 식물과 동물은 서로 돕고 산다.

자연을 보호하는 가장 쉬운 방법

우리는 휴지, 책, 종이 상자, 영수증 등 알게 모르게 매일 종이와 접하고 산다. 그깟 휴지 한 장, 종이 한 장을 대수롭지 않게 쓴다. 전 세계에서 하루에 소비되는 종이는 약 1만 톤이다.

순전히 나무로만 종이를 만들려면 하루에 나무를 몇 그루나 베어야 할까? 종이 1톤을 만들려면 다 큰 나무 17그루가 필요하다. 7,000여 명이 볼 신문지를 만들려면 나무 10~15그루를 베어야 한다. 종이를 아껴 쓰는 것은 숲을 살리는 첫걸음이다. 일상에서 종이와 휴지를 덜 쓰고 재활용을 하면 그만큼 나무를 덜 벨 수 있다. 나무를 심어 숲을 만드는 것만큼 중요한 일이다.

종이만큼 흔히 쓰는 것이 일회용품이다. 현대인은 플라스틱 빨대, 종이컵, 비닐, 면도기, 일회용 칫솔 등 일회용품 홍수 속에 살고 있다. 일회용품은 대부분 플라스틱, 비닐, 스티로폼이며 환경오염 물질과 유해한 화학물질을 포함하고 있다. 이러한 유해 물질은 지구를 오염시키고 우리의 건강을 해친다.

일회용품은 동물과 식물의 생명도 위협한다. 땅에 묻힌 비닐은 식물이 뿌리를 뻗지 못하게 막고, 고리 형태의 플라스틱과 낚싯

줄은 새의 발목과 발가락에 걸려 옥죈다. 결국 발목이나 발가락이 끊어지는 경우도 있다. 바다로 흘러든 일회용품은 해양동물의 생명도 위협한다. 코에 빨대가 박힌 채 살아가는 거북이도 있다. 갯벌도 오염되어 갯벌에 사는 종은 물론 그 동물을 먹고 사는 새의 생존도 위협받고 있다.

일회용품을 최대한 덜 쓰고 재활용하는 것이 최선이다. 일회용품을 재활용하지 않고 땅에 묻으면 새로운 비닐과 플라스틱을 만들기 위해 또 에너지를 써야 한다. 그 과정에서 온실가스가 배출되는 것은 물론이다. 썩지 않는 비닐과 플라스틱이 땅속에 차곡차곡 쌓이는 모습을 상상하면 일회용품을 함부로 사용하지 못할 것이다.

동물의 관점에서 생각하기

큰 산을 낀 도로를 지나다 보면 야생동물 보호 안내판을 볼 수 있다. 야생동물이 자주 출현하니 조심해서 운전하라는 안내다. 안내판 근처에서는 자동차에 치여 죽은 야생동물도 종종 발견된다. 동물은 다니던 길로 다니는 습성이 있어서 도로가 생겨도 가로질러 간다. 물을 먹으려면 반드시 도로를 가로질러 가야 하는 경우도 있다. 그래서 도로가 생긴 뒤 몇 년 동안은 많은 동물이 차에 치여 죽는다. 이런 도로에는 동물이 안전하게 지나다닐 수 있도록 정부에서 생태통로에코 브릿지(eco bridge)를 설치해야 한다. 그리고 야생동물 보호 안내판이 있는 곳을 운전할 때는 규정 속도를 유지하며 좌우를 잘 살펴야 한다.

아파트 주위의 도로에는 어김없이 방음벽이 설치된다. 방음벽은 운전자의 답답함을 줄이기 위해 투명한 유리로 만들어지는데, 이것이 새에게는 치명적이다. 앞이 훤히 보이기 때문에 벽인 줄 모르고 빠른 속도로 날아가다 부딪혀 즉사하는 것이다. 유리로 만든 건물과 대형 유리창도 마찬가지다. 유리에 맹금류의 그림을 붙이기도 하지만 새들의 접근을 완전히 막지는 못한다. 일정한 크기로 점을 찍거나 무늬를 넣거나 줄을 매달아 벽이라는 것을 알릴 필요가 있다. 숲을 잘 가꿔 새를 보호하는 것만큼 새가 유리벽에 부딪히지 않게 막는 것도 중요하다.

동물을 보호할 때는 인간의 관점이 아닌 동물의 관점에서 판단해야 한다. 안 그러면 자칫 독이 될 수 있다. 야생동물에게 먹이를 주는 사람이 종종 있는데, 건강한 생태계를 만들기 위해서는 주지 않는 것이 좋다. 먹이를 받아먹는 데 익숙해진 야생동물은 그 삶에 길들여져 생존력을 잃고 환경의 변화를 극복하지 못한다. 사람은 야생동물이 굶어 죽을까 봐 걱정하는 마음에서 먹이를 주겠지만, 야생동물은 아주 특별한 경우를 빼고 웬만하면 굶어 죽지 않는다. 환경에 적응하기 때문이다. 다만 긴 장마나 폭설로 극한의 상황에 닥쳤을 때는 먹이를 주는 것도 나쁘지 않다. 물론 그 상황을 벗어날 때까지만 한시적으로 줘야 한다.

멸종 위기 종인 사향노루는 풀을 먹고 산다. 여름에는 파릇파릇하게 자라나는 풀을 먹고 가을부터는 할 수 없이 마른풀을 먹는다. 겨울에 폭설이 내려 마른풀까지 눈에 덮이면 열흘 이상 굶기도 하는데, 이런 상황에서는 먹이를 주는 것도 좋다. 극한의 상황에서 살아남도록 돕는 것이다.

작은 실천이 세상을 바꾼다

몇 년 전부터 미세먼지 문제가 심각해졌다. 사람도, 자연도 피해를 입고 있다. 미세먼지는 햇빛을 차단해 식물의 광합성을 방해하고 기온 변화를 야기해 곤충처럼 작은 동물의 생명을 위협한다. 미세먼지를 줄이려면 어떻게 해야 할까? 개인이 실천할 수 있는 가장 쉬운 방법은 자동차를 덜 타는 것이다. 가능하면 대중교통을 이용하고, 자동차를 운전할 때는 공회전을 하지 말아야 한다. 전기차를 이용하는 것도 도움이 된다.

인구가 증가하는 만큼 환경오염이 심화되고 있다. 환경오염은 기후변화를 가속화시키고, 결국 모든 생명체에게 악영향을 끼친다. 더 이상 자연이 파괴되지 않도록 최선을 다해 노력해야 한다. 너무 막막하게 느껴질 수도 있고, 작은 노력이 무의미하게 느껴질 수도 있다. 하지만 세상은 바뀐다. 작지만 꾸준히 실천하는 것이 중요하다.

동물원에는 동물을 돌보는 직원 외에도 다양한 직원이 있다. 우선 동물원이 원활하게 운영되려면 직원들의 능력과 특색을 고려해 업무 배치를 하고 누군가 퇴직하면 새로운 직원을 뽑고 월급을 주는 사람이 필요하다. 이는 **총무과**에서 담당한다. 이들은 동물을 관리하지 않고 사무실에서 근무하는 동물원 직원이다. 이 업무는 대부분 인문사회 계열의 학문을 전공한 행정 전문가행정직가 담당한다.

동물원에는 하루 24시간 출입문을 지켜 동물 탈출을 방지하고, 사람이 동물을 해치지 못하게 막고, 동물원 출입을 통제하는 **경비**가 있다. 동물원 입장권을 판매하는 **매표소 직원**도 있다. 동물과 관람객의 위생을 위해 동물원 곳곳에 버려진 쓰레기를 치우는 **청소원**도 있다. 이들도 동물 전문가는 아니다. 출신 학과를 제한하지 않고 모집한다.

홍보 역시 동물원 고유의 업무만큼 중요한 일이다. **홍보 담당 직원**은 생태 교육과 각종 행사를 진행하고, 멸종 위기 종이 새끼를 낳으면 언론사를 통해 시민에게 알린다. 홍보팀에는 사진이나 영상을 담당하는 직원, 보도자료를 작성해서 배포하는 직원이 있다. 홈페이지 역시 중요한 홍보 수단으로, 관리하는 직원이 따로 있다. 이 업무를 하려면 언론 홍보 관련 학과, 사진학과, 미디어 관련 학과 등에서 공부해야 한다.

수도와 전기를 관리하는 직원도 있다. 매우 중요한 일이다. 추운 겨울에 난방 장치가 오작동하거나 전기가 끊기면 따뜻한 서식지 출신의 동물은 덜덜 떨다가 죽을 수도 있다. 여름에도 마찬가지다. 냉방 장치가 고장 나면 시원한 서식지에서 살던 동물은 폭염에 시달리다 목숨을 잃을 수 있다. 이러한 사고를 막기위해 담당 직원들은 정기적으로 전기 설비를 점검하고 문제가될 부분은 미리미리 손본다. 퇴근 이후에 갑자기 문제가 생길수도 있기 때문에 저녁에도 교대로 근무한다.

동물이 마실 물을 관리하는 일도 중요하다. 수도관이 터지거나 문제가 생겨 물이 공급되지 않으면 담당 직원이 즉시 복구한다. 이 일을 하려면 공과대학_{전기과, 건축과, 기계과}을 졸업해야 한다.

동물원 직원은 아니지만 동물원 운영을 돕는 사람도 있다. **동**

물 관련 시민단체, **동물 수입상**이 대표적이다. 동물원에서 동물 복지에 위배되는 일을 하거나 개선해야 하는 문제가 생기면 동물 관련 시민단체에서 의견을 내 동물원이 발전하게 돕는다. 동물 수입상은 우리나라 동물원에서 태어난 동물과 외국에서 태어난 동물을 교환시켜 주거나 필요한 동물을 외국에서 수입해 준다. 동물 관련 지식이 많고 동물이나 자연환경에 대해 뚜렷한 주관이 있으면 좋은 직업이다. 시민단체 일은 특별히 출신 학과에 제한이 없다. 본인의 인생철학과 맞는지가 중요하다. 동물 수입 사업은 무역업이므로 상과대학에서 공부를 하면 좋지만 이 역시 학과 제한은 없다.

우리나라 동물원은 운영 주체에 따라 크게 세 곳으로 나뉜다. 지방자치단체에서 운영하는 동물원, 공기업이 운영하는 동물원, 기업이나 개인이 운영하는 동물원이다. 예를 들어 서울대공원은 서울시^{지방자치단체}에서 운영하고, 서울어린이대공원은 서울시 산하기관인 서울시설공단^{공기업}에서 운영한다. 에버랜드는 삼성^{기업}이 운영하는 동물원이다.

지방자치단체에 속하는 동물원의 직원이 되려면 공무원 임용시험에 합격해야 한다. 예를 들어 서울대공원 직원이 되려면 서울시에서 모집하는 공무원 시험에 응시해서 합격해야 한다. 응시 분야는 행정직과 기술직으로 나뉜다. 건축, 전기, 토목, 조경, 녹지, 축산, 수의사 등은 기술직이다. 행정직은 출신 학과에

상관없이 응시할 수 있지만 기술직은 다르다. 건축직은 건축학과, 전기직은 전기과^{전기공학}, 토목직은 토목학과, 조경직은 조경학과, 녹지직은 산림자원학과, 축산직은 동물 관련 학과 졸업생이 응시할 수 있다. 수의직은 수의학과 졸업생이, 임상병리사는 임상병리학과 졸업생이 응시할 수 있다. 이는 공기업에서 운영하는 동물원도, 기업이나 개인이 운영하는 동물원도 마찬가지다.

서울시 공무원 시험에 합격하면 서울시청, 서울시에 속한 구청 또는 서울대공원으로 발령이 난다. 희망하는 곳을 적어서 제출하지만, 반드시 원하는 곳에서 근무하는 건 아니다. 예를 들어 처음에는 서울시청에 근무하다가 서울대공원으로 옮겨갈 수도 있다. 반대로 서울대공원에서 근무하다가 서울시청이나 구청으로 옮겨 갈 수도 있다. 다만 동물원에 근무하는 직원을 강제로 다른 곳에 보내지는 않으므로 원하면 오랫동안 근무할 수 있다.

하지만 사육사는 다르다. 서울대공원은 계약직으로 사육사를 모집하고 서울시청에서 발령한다. 계약 기간이 끝날 때까지 공무원 신분이 유지되며 동물원에서만 근무한다. 모든 사육사가 계약직으로 일하는 것은 아니다. 사육사 경력이 있는 사람을 전문 경력관으로 채용해 정년을 보장하기도 한다. 전문성을 인정하는 셈이다. 그 외 무기계약직 사육사도 정년이 보장된다.

다른 지방자치단체에 속한 동물원도 마찬가지다.

중앙 부처 공무원이 되어 동물 관련 업무를 볼 수도 있다. 중앙 부처 공무원은 동물원법처럼 굵직굵직한 업무를 맡는다. 조류인플루엔자와 같은 동물 질병이나 환경보호 문제와 관련된 정책과 법안을 만드는 식이다. 동물을 직접 돌보지는 않지만 정책을 통해 동물을 보호한다.

공기업이 운영하는 서울어린이대공원, 대전오월드, 울산대공원 등은 해당 공기업에서 직종별로 직원을 모집한다. 공기업에 채용되어 동물원으로 발령받았어도 원하면 그 공기업에서 운영하는 다른 기관으로 옮길 수 있다. 하지만 사육사나 수의사로 입사한 직원은 특수한 경우가 아니면 동물원에 계속 근무한다.

민간 기업이나 개인이 운영하는 동물원 역시 분야별로 직업군이 나뉜다. 행정 업무를 보는 행정직과 동물을 기르는 직업군으로 나뉜다. 다만 관리자가 직원 개인의 능력과 역량을 판단해 업무를 바꿔서 발령하기도 한다.

참고 자료

도서

- 나디아 허 지음, 남혜선 옮김,《동물원 기행》, 어크로스, 2016
- 클라이브 폰팅 지음, 이진아, 김정민 옮김.《녹색세계사》, 그물코, 2010

- Charles T. Robbins,《Wildlife feeding and nutrition. Second edition》, Academic Press, INC, 1994
- David Burnie,《Animal: The Definitive Visual Guide, 3rd Edition》, Dorling Kindersley Limited, 2017
- David mech, Luigi Boitani,《Wolves. Behavior, Ecology, and Conservation》, The University of Chicago Press, 2010
- David S. Maehr, Reed R. Noss, Jeffery L. Larkin,《Large mammal restoration. Ecological and sociological challenges in the 21st century》, Island press, 2001
- Devra G. Kleiman, Mary E. Allen, Mary E. Allen, Katerina V Thompson, Susan Lumpkin,《Wild mammals in captivity: Principles and techniques 》, The university of chicago press, 1997
- Guy cowlishaw, Robin Dunbar,《Primate conservation biology》, The University of Chicago Press, 2000
- Jan Reed-Smith, Paula Bohaska, Denise Wagner, Pete Riger, Dave Bernier, Bruce Elkins,《Biological information on selected mammal species, Fourth Edition》, American Association of Zoo Keepers, Inc, 2003
- John Alcock,《Animal Behavior: An Evolutionary Approach. 10th edition》, Oxford University Press, 2013

- Linda Koebner, 《Zoo Book : The evolution of wildlife conservation centers》, Tom Doherty Associates, Inc, 1994
- Moberg, G. P., J. A. Mench, 《The biology of animal stress. Basic principles and implications for animal welfare》, CABI Publishing, 2000
- Robert Fagen, 《Animal play behavior》, Oxford University Press, 1931
- Vernon N. Kisling, 《ZOO and aquarium history ancient animal collections to zoological gardens》, CRC Press, 2001

논문

- Baek J. Kim, Y. S. Park, J. T. Kim, S. D. Lee, Home range study of the Korean water deer (Hydropotes inermis agyropus) using radio and GPS tracking in South Korea: Comparison of daily and seasonal habitat use pattern. Journal of Ecology and Field Biology 34(4):365-370. 2011

웹사이트

- 국립야생들소 보호구역
  https://www.fws.gov/bisonrange/timeline.htm
- 위치토야생동물보호구역
  https://www.fws.gov/refuge/Wichita_Mountains/wildlife/bison/history.html

교과 연계

환경과 녹색성장

▶ 고등학교

찾아보기

다른 포스트

뉴스레터 구독

동물원에 동물이 없다면

초판 1쇄 2019년 7월 3일
초판 7쇄 2024년 4월 5일

지은이 노정래

펴낸이 김한청
기획편집 원경은 차언조 양희우 유자영
마케팅 현승원
디자인 이성아
운영 설채린

펴낸곳 도서출판 다른
출판등록 2004년 9월 2일 제2013-000194호
주소 서울시 마포구 동교로27길 3-10 희경빌딩 4층
전화 02-3143-6478 **팩스** 02-3143-6479 **이메일** khc15968@hanmail.net
블로그 blog.naver.com/darun_pub **인스타그램** @darunpublishers

ISBN 979-11-5633-252-7 44000
      979-11-5633-250-3 (SET)

다른 생각이
다른 세상을 만듭니다